Das
STARSEED
ORAKEL

REBECCA CAMPBELL

ARTWORK
DANIELLE NOEL

Die in diesem Buch enthaltenen Informationen und Ratschläge wurden von der Autorin sorgfältig recherchiert und geprüft. Eine Garantie kann dennoch nicht übernommen werden. Die Informationen und Ratschläge sind außerdem nicht dazu gedacht, die Beratung durch einen Arzt oder Therapeuten zu ersetzen, sofern eine solche angezeigt ist. Eine Haftung der Autorin oder des Verlags ist ausgeschlossen.
Für die Inhalte im Text erwähnter fremder Websites wird keine Verantwortung übernommen.

Das gesamte Werk ist im Rahmen der Urheberrechtsgesetze geschützt. Jegliche vom Verlag nicht genehmigte Verwertung ist unzulässig, es sei denn, es handelt sich um eine Rezension oder Produktvorstellung, worin kurze Passagen zur Verdeutlichung in Zeitschriften, Zeitungen oder auf Websites zitiert werden.

Bibliographische Information der Deutschen Nationalbibliothek
Die Deutsche Nationalbibliothek verzeichnet diese Publikation in der Deutschen Nationalbibliographie; detaillierte bibliographische Daten sind im Internet über http://dnb.d-nb.de abrufbar.

Titel der Originalausgabe: THE STARSEED ORACLE
Copyright © by Rebecca Campbell and Danielle Noel
Originally published in 2020 by Hay House UK Ltd.

Deutsche Erstausgabe, 3. Auflage 2025
Copyright © 2021 für die deutsche Textfassung
By Königsfurt-Urania Verlag GmbH
D-24103 Kiel
www.koenigsfurt-urania.com // info@koenigsfurt-urania.com

Übersetzung: Tom Amarque
Projektleitung: Martina Weihe-Reckewitz
Cover Design von Danielle Noel und Rebecca Campbell
Satz und Layout: Antje Betken

Printed in China

ISBN 978-3-86826-783-9

INHALT

Willkommen zum *Starseed-Orakel*	7
Vom Ursprung der Sterne	11
Was ist ein Starseed?	15
Dein Herz ist ein Portal	18
Einstimmung auf das Starseed-Orakel	20
Deutungen für dich selbst und andere	23
Legungen mit den Starseed-Orakel-Karten	28

DIE BOTSCHAFTEN UND INTERPRETATIONEN DER KARTEN

Die AKTIVIERTE ERDE	36
ALLE WEGE FÜHREN NACH HAUSE	38
Der ATEM DES KOSMOS	40
AUFGEBROCHEN	42
AUFGERUFEN	44
BABYSCHRITTE	46
Die BLAUE FLAMME	48
BOTSCHAFTER	50
DEINEN GARTEN BEWÄSSERN	52

DEIN LEBEN IST EINE LEINWAND	54
DOPPELTE MISSION	56
DU BIST LIEBE	58
DU BIST NICHT ALLEIN	60
EINE NEUE ERDE	62
EMPATHISCHER STARSEED	64
ERINNERE DICH	66
ES TUT MIR LEID	68
FÜHREN, NICHT FOLGEN	70
GEERDET	72
Die GOLDENEN KINDER	74
Das GROSSE GANZE SEHEN	76
HIRAETH	78
INNERE ERDE	80
KARMISCHE BEZIEHUNGEN	82
KIND DES KOSMOS	84
Das KOSMISCHE HERZ	86
LASS DICH IN MEINE ARME FALLEN	88
Die LAST DER WELT	90
Das LEBEN GENIESSEN	92
Die LEERE	94
LOSLASSEN	96
Die MEERE VON MINTAKA	98

Die MUTIGE PFINGSTROSE	100
PERSPEKTIVE	102
Das PORTAL	104
Der PULS DES LEBENS	106
Den SCHLEIER LÜFTEN	108
Die SCHULE DER ERDE	110
SEI EINFACH DU SELBST	112
Die SIEBEN STERNENSCHWESTERN	114
SPRINGE	116
STERNENAHNEN	118
STERNENBADEN	120
STERNENBRÜDER	122
STERNENFAMILIE	124
STERNENWÄCHTER	126
Die TIEFE TRENNUNG	128
TIEFE ZELLHEILUNG	130
Dem TIMING VERTRAUEN	132
VERLORENE LÄNDER	134
WAL- UND ORCA-ÄLTERE	136
WARTE	138
WIR, DIE HATHOREN	140
Über die Künstlerin	142
Über die Autorin	143

WILLKOMMEN ZUM STARSEED-ORAKEL

Das *STARSEED-Orakel* ist für jene Seelen, die Sehnsucht nach allem Geheimnisvollen und Unbekannten verspüren. Ein Sternensame oder Sternenmensch ist eine ‚alte Seele' – es ist jemand, dessen Seele andere Plätze im Universum als nur die Erde kennt.

Vielleicht sind wir sogar *alle* Sternensamen, und bei einigen von uns sind die charakteristischen Eigenschaften nur einfach stärker ausgeprägt. Wahrscheinlich, weil der Schleier der Erinnerung bei ihnen viel zarter ist. Es könnte aber auch sein, dass einige dieser Seelen mehr Zeit damit verbracht haben, sich an Orten im bekannten und unbekannten Universum zu inkarnieren.

Ich bin vor vielen Jahren zum ersten Mal mit dem Begriff ‚Starseed' in Berührung gekommen, und in diesem Moment fühlte es sich so an, als würde meine Seele erwachen. Ich hatte schon immer eine unstillbare Sehnsucht nach den Sternen und wünschte mir von ganzem Herzen, einen Ort zu finden, der sich wie ‚Zuhause' anfühlt – ohne jedoch wirklich zu wissen, was das für mich bedeuten könnte. Ich fühlte tief in mir eine Berufung, die immer da war, über die ich aber nie gesprochen habe. Jahre später begann ich in meinen Seelen-Lesungen und Workshops gemeinsame Muster bei all denen zu erkennen, die mit dem Wort ‚Starseed' mitschwangen. Gemeinsame Sehnsüchte, Fähigkeiten, Erfahrungen aus dem vergangenen Leben, Berufungen, Erinnerungen und Herausforderungen im Leben.

Der kreative Prozess, den Danielle Noel und ich bei der Erschaffung des *Starseed-Orakels* durchmachten, war ein ganz besonderer und geradezu sakraler Prozess. Als wir uns zum ersten Mal trafen, fühlten wir sofort eine Starseed-Verbindung zwischen uns, und nachdem wir gemeinsam am *Work Your Light Orakel* gearbeitet hatten, wurde uns klar, dass wir dazu berufen waren, ein Orakel für Sternenmenschen zu erschaffen. Wir sind daher auch zu heiligen Tempeln gereist, um uns an die verlorene Weisheit der Sternenmenschen zu erinnern.

Während wir an der künstlerischen Gestaltung der Karten arbeiteten, versammelten wir uns in der Meditation, um uns jede Karte vorzustellen. Unsere Absicht war, dass die Karten, sowohl einzeln als auch als Ganzes, eine Übertragung von Energie ermöglichen sollten. Das gesamte Orakel ist mit tiefer Hingabe und Liebe zum Detail gestaltet worden – so etwas geschieht eben, wenn zwei Kreative mit dem Sternzeichen Jungfrau zusammenkommen! Wenn du das Orakel benutzt, bleibe offen für die Karten, die als Portal für den Empfang dieser Starseed-Übertragungsenergie dienen.

Wenn auch die Konzepte, Illustrationen und Botschaften der Karten geschaffen wurden, um Sternensamen dabei zu unterstützen, eine menschliche Erfahrung zu machen, musst du dich nicht unbedingt als ein Starseed begreifen, damit dir das Deck dienen kann. Das Starseed-Orakel wurde für alle Seelen geschaffen, die sich für das Mysterium der menschlichen Erfahrung interessieren. Ich bete zutiefst darum, dass es dich dabei unterstützt, dich daran zu erinnern, wer du aus der Seelen-Perspektive bist, damit du das Flüstern deiner Seele klar hören und dieses Flüstern schließlich in geerdetes Handeln umsetzen kannst.

Alle Glaubensrichtungen, Traditionen und Menschen sind hier willkommen. Wir haben Begriffe wie ‚Universum', ‚Kosmos', ‚Puls des Lebens', ‚das große Mysterium', ‚Quelle', ‚Gott' und ‚Heiliger Geist' verwendet, wobei sich alle auf jene Intelligenz beziehen, die alle Religionen und alle Dinge transzendiert. Wir haben großen Respekt vor allen Traditionen, Praktiken und Wegen und vor dem Recht in Freiheit zu wählen. Wenn ein verwendetes Wort oder ein Satz in unseren Botschaften nicht mit deinen Überzeugungen übereinstimmt, versuche dich bitte in die dahinter stehende liebevolle Energie einzufühlen und ersetze das Wort oder den Satz so, wie es dein Herz dir mitteilt.

Du wirst auch Begriffe wie ‚Seele', ‚Starseed', ‚Geist', ‚kosmisches Selbst' und ‚Sternenursprung' finden. Wir beziehen uns hier auf jenen Teil von dir, der unauslöschlich und ewig ist: Es ist jenes Element von dir, das jenseits dieses

Lebens existiert und das du in jedes deiner Leben mitbringst. Der Part, der vielleicht Orte weit jenseits dieses Lebens erfahren hat; der Teil, der mit dem intelligenten Puls des gesamten Universums verbunden ist und der darauf wartet, dich jeden Augenblick eines jeden Tages zu führen.

Ich glaube, wir stehen kurz davor, so viel mehr über die Reise der Seele in diesem unermesslichen bekannten und unbekannten Universum zu erfahren. Mehr über unsere Verbindung zu den Sternen. Und ich bin überzeugt davon, dass wir zu unseren Lebzeiten das Bewusstsein von anderen Planeten, Konstellationen und Sternensystemen nicht nur entdecken, sondern auch damit in Kontakt treten werden. Tatsächlich haben es viele sogar bereits getan. Und vielleicht wird sich die Menschheit, wenn dieser Tag kommt, endlich als Einheit begreifen.

Du findest alle Einstimmungen, Anrufungen und Meditationen, die in diesem Booklet erwähnt werden, unter www.StarseedOracle.me.
Mögen dich diese Karten auf der Reise deiner Seele unterstützen und dir helfen, deinen Weg zu gehen.

In Liebe, Rebecca und Danielle

P.S. Wir lieben es, deine schönen Bilder draußen in der Welt zu sehen. Wenn du dich inspiriert fühlst, verwende den Hashtag #StarseedOracle und markiere uns unter @rebeccathoughts @starchildtarot @thestarseed_oracle.

VOM URSPRUNG DER STERNE

Mystiker, Theologen, Philosophen, Wissenschaftler, Visionäre, Heilige, Dichter und Weise haben im Laufe der Jahrhunderte mit der Schwierigkeit gekämpft, das Geheimnis der Sterne und jenes Teils von uns zu erklären, der jenseits unserer physischen Welt auf der Erde existiert. Jene intelligente Lebenskraft, die uns atmet; der Puls, der die Planeten zum Rotieren bringt und die Jahreszeiten kommen und gehen lässt. Dieser Teil von uns, der sich erinnert und ewig ist. Der stets alles weiß und die Gewissheit des Todes des physischen Körpers überlebt. Jener intelligente Teil von uns, der mit der geheimnisvollen Intelligenz des Universums verbunden ist.

Einige Schöpfungsgeschichten der Welt sind mit den Sternen verknüpft. So legen altägyptische Texte uns nahe, dass die Götter selbst von den Sternen kamen – wie etwa Osiris aus dem großen Sternbild Orion, Isis vom Sirius, dem hellsten Stern am Nachthimmel.– und dass sie gemeinsam die Menschheit erschufen. Die Pyramiden von Gizeh in Ägypten – eines der Sieben Weltwunder – wurden in präziser Ausrichtung auf die drei Sterne im Gürtel des Orion (Mintaka, Alnitak und Alnilam) errichtet.

Auf der anderen Seite der Erde stehen in der antiken Stadt Teotihuacan in der Nähe des heutigen Mexiko City auch die Pyramiden von Sonne, Mond und Quetzalcoatl in perfekter Ausrichtung zum Orion, und die Mythen besagen, dass die Götter genau an diesem Ort der kosmischen Ausrichtung auf die Erde kamen.

Auf der mexikanischen Halbinsel Yucatan bauten die alten Maya steinerne Tempel und Observatorien, damit sie die Sterne beobachten konnten; sie sind auch für die unglaubliche Präzision ihres astronomischen Kalenders bekannt. In Arizona, USA, errichtete die indianische Anasazi-Kultur (die Vorfahren des Hopi-Volkes) Siedlungen auf drei Mesas (flache Hügel), die auf die Form des Orion ausgerichtet waren.

In Mali, Westafrika, hat der Stamm der Dogon eine faszinierende Zeremonie, in deren Mittelpunkt Sirius steht. Die Zeremonie, die Sigur genannt wird, findet statt, wenn Sirius auf eine bestimmte Landmarke am Nachthimmel trifft. Sie basiert auf der Legende, dass vor etwa 3000 Jahren amphibische Wesen vom Sirius den Stamm besuchten.

In Großbritannien wurde der neolithische Steinkreis in Avebury, Wiltshire, in einer Linie mit der Milchstraße angelegt; und die Steine in Stonehenge sind perfekt ausgerichtet, um die ersten Sonnenstrahlen zur Sommer- und Wintersonnenwende zu empfangen. Es gibt weltweit noch viel mehr Tempel und andere Kultstätten, die eine ähnliche unglaubliche Ausrichtung auf die Sterne aufweisen.

Die Bedeutung der Sterne und des Himmels zeigt sich auch in Mythen und Legenden. Keltische Astronomen flüstern von Feen, die auf die Erde fallen. Die griechische Mythologie spricht von der Erschaffung von Sternensystemen wie Taurus ‚dem Stier' und bezieht sich auf die Hyaden und die Plejaden, zwei offene Sternenhaufen, die von vielen alten Zivilisationen gesichtet wurden.

Orion war in der griechischen Mythologie ein Jäger, der mit dem heute unter seinem Namen bekannten Sternbild in Verbindung gebracht wurde. In der keltischen Tradition wurde Orion assoziiert mit dem Phantomjäger Herne, dem Gott Cernunnos, dem mythologischen König Gwyn ap Nudd und Aran.

In Australien teilen die Ureinwohner seit über 65 000 Jahren die Traumgeschichten des Himmels. So verwenden etwa viele Gruppen die Ausrichtung jenes Sternbildes, das als der große himmlische Emu bekannt ist, um den besten Zeitpunkt für das Sammeln von Emu-Eiern zu bestimmen. Wenn sich der himmlische Emu nach Sonnenuntergang am östlichen Horizont befindet, ist dies ein Signal dafür, dass die irdischen Emus nisten – was bedeutet, dass keine Emu-Eier verfügbar sind. Später im Jahr steht diese Konstellation höher am Himmel, und wenn sich der Emu-Körper nach Sonnenuntergang über dem Himmel befindet, ist es an der Zeit, die Eier zu sammeln.

Woher kommt die Seele? Warum sind wir hier gelandet? Wohin gehen wir, wenn wir sterben? Dies sind einige der größten Fragen aller Zeiten. Wenn wir uns die antike Archäoastronomie ansehen, kommen wir nicht umhin, uns zu fragen – verfügten unsere Alten über ein profunderes Wissen bezüglich unserer Ursprünge als wir? Was wussten sie über unsere Verbindung mit den Sternen? Und ist es möglich, dass diese Geheimnisse noch zu unseren Lebzeiten enthüllt werden?

WAS IST EIN STARSEED?

Starseeds sind Seelen, die sich nicht *nur* auf der Erde inkarniert haben. Einige glauben, dass die unbewusste Art und Weise, in der die Menschen auf der Erde gelebt haben (Krieg, Terrorismus, Trennung, Mord, Missachtung der Natur und der Tiere), den Planeten dazu veranlasst hat, einen Ruf ins Universum auszusenden. Und dass Schwärme von Starseed-Seelen darauf geantwortet haben. Starseeds erkannten in der Inkarnation auf der Erde ein großes Abenteuer: eine Gelegenheit für individuelles Wachstum *und* einen Akt des Dienstes am Kollektiv. Andere Menschen glauben, dass wir tief im Inneren alle Starseeds sind.

Viele Starseeds haben bedeutende Erfahrungen des ‚Erwachens' gemacht, während andere eine Art von Wissen oder Erinnern in jungen Jahren erleben. Viele inkarnierten schon vor sehr langer Zeit auf der Erde. Es ist wahrscheinlich, dass du, wenn du dies hier liest, ein Starseed bist.

Wenn sie einmal erwacht sind, fällt es den meisten Starseeds schwer, sinnlose Gespräche, Jobs und Beziehungen zu führen. Sie wissen von Natur aus, dass wahres Leben etwas mehr beinhaltet und fühlen sich berufen, ihr Leben etwas mehr der Verbindung mit diesem zu widmen. Viele bleiben unruhig, bis sie ihre Bestimmung erkennen.

Starseeds fühlen sich in der Welt oft fehl am Platz. Sie verspüren tief in sich eine Sehnsucht nach ‚Heimat', ohne wirklich zu wissen, wo diese überhaupt sein könnte oder was das Wort konkret für sie bedeutet. Das liegt daran, dass sie an Orten inkarnierten, die sich sehr von der Erde unterscheiden. Wenn dich dies im Herzen berührt, ist es wahrscheinlich, dass du ein Starseed bist.

Ich glaube, dass letztlich alle Seelen aus einer Quelle kommen. Wer wir jedoch als Seele sind, wird von den jeweiligen Erfahrungen mitbeeinflusst. Je mehr Zeit eine Seele also damit verbringt, sich in einem bestimmten Teil des Universums zu inkarnieren – beispielsweise auf einem Planeten, in einem Sternensystem oder in einer Galaxie – desto mehr wird sie von diesen Erfahrungen geprägt.

Stell dir jemanden vor, der viel gereist ist. Je länger diese Person in einer bestimmten Stadt oder einem bestimmten Land verweilt, desto mehr beeinflusst dieser Ort, wer sie als Mensch und als Seele ist. Nimm etwa mich: Ich bin in Australien geboren und habe einen Großteil meines Erwachsenenlebens in Großbritannien gelebt. Je mehr Zeit ich also in Großbritannien verbringe, desto mehr beeinflusst der Ort, an dem ich lebe, wer ich bin.

Das Gleiche gilt für Starseeds: Je mehr Zeit sie etwa in der Inkarnation im Sternenhaufen Plejaden verbringen, desto mehr schwingen sie mit dem Plejaden-Sein mit.

Während man zwar Hinweise auf verschiedene Planeten, Sternensysteme und Galaxien in den Karten erkennen wird, haben wir aber absichtlich nicht alle davon gezeigt oder uns zu sehr auf die abgebildeten konzentriert. Dafür gibt es zwei Gründe: Erstens wäre es nicht möglich, sie alle auf einer einzigen Karte darzustellen und ihnen damit gerecht zu werden. Zweitens ist es die Absicht dieses Decks, Starseeds in ihrer gegenwärtigen Inkarnation auf der Erde, in diesem Leben, zu unterstützen und ihnen zu helfen, sich an ihre Seele zu erinnern und diese in ihrer *aktuellen* physischen Erfahrung zu verkörpern.

Starseeds sind über den ganzen Planeten verstreut. Da sie sich so ‚anders' fühlen, ist es nicht ungewöhnlich, dass sie einen Teil ihres Lebens damit verbringen, zu versuchen, sich anzupassen oder ihre Spiritualität zu verbergen. Wenn du dein Licht dimmst, um dich anderen anzugleichen, lade ich dich hiermit ein, damit aufzuhören und stattdessen das einzigartige Licht zu umarmen, das du hier mit anderen teilen sollst. Behandle deine Zeit hier auf der Erde wie einen Urlaub. Je mutiger du der Welt zeigst, wer du wirklich bist, desto leichter wird es für dein Volk sein, dich zu finden. Es ist sicher für dich, hier zu sein und dich zu Hause zu fühlen.

DEIN HERZ IST EIN PORTAL

Die Absicht dieser Karten ist, dass du sie als ein Hilfsmittel betrachtest, um dich mit dem Portal deines Herzens zu verbinden. Ich lade dich ein, ihre Konzepte und Botschaften als Werkzeuge zu nutzen, um die in ihnen enthaltene Weisheit zu aktivieren und zu vertiefen. Niemand außer dir besitzt in Wahrheit Autorität über deine Seele oder dein Leben. Wir haben diese Karten als Orientierungshilfe für dich entwickelt, um eine Struktur zu schaffen, die dir hilft, dich mit dem Portal und der Weisheit deines Herzens und deiner eigenen Seele zu verbinden. Je mehr Zeit du damit verbringst, bereit zu sein, dem Flüstern deiner eigenen Seele zu lauschen, desto leichter wird es auch sein, dieses zu vernehmen.

Unser Herz ist das erste Organ, das sich entwickelt. In dem Moment, in dem es aufhört zu schlagen, existieren wir nicht mehr – die Seele hat den Körper verlassen. Unser Herz besitzt eine eigene hochentwickelte Intelligenz, die wir langsam anfangen zu verstehen. Es ist eines der großen Mysterien.

Denn unser Herz ist die Brücke zwischen Himmel und Erde – der Treffpunkt all dessen, was kosmisch ist und allem, was irdisch ist. Der beste Weg, sich mit der Weisheit der Seele und unserer Intuition zu verbinden, ist, sich auf das Portal des Herzens einzustimmen. Nur durch das Herz können wir Informationen über die Vergangenheit, Gegenwart und Zukunft unserer Seele erhalten. Mehr noch: Uns wird Führung für den nächsten Schritt in Übereinstimmung mit dem höchsten und mächtigsten Plan unserer Seele zuteil.

Mach dir bewusst: Dein Herz ist die Verbindung zu deiner Seele. Wenn wir den Mut finden, von hier aus zu leben, werden wir feststellen, dass wir ein wirklich seelengeführtes Leben führen. Und sobald wir das tun, werden wir feststellen, dass wir uns von ‚meinem Willen zu deinem Willen' bewegen und in Übereinstimmung mit der geheimnisvollen Intelligenz allen Seins leben. So geschieht die Ausrichtung.

Alle Führung, die du je suchst, findest du durch die Verbindung mit dieser intelligenten Weisheit, die in deinem Herzen wohnt.

Dein Herz ist ein Portal.

EINSTIMMUNG AUF DAS STARSEED-ORAKEL

Ich empfehle, die untenstehende ‚Einstimmung' durchzuführen, die dabei helfen wird, dich mit den Starseed-Orakelkarten auf Seelenebene zu verbinden. Diese Einstimmung programmiert die Karten auch so, dass sie allen, die sie berühren, Informationen über das höchste Gut offenbaren. Vielleicht möchtest du die Einstimmung durchführen, wenn du dein *Starseed-Orakel* zum ersten Mal in deinen Händen hältst. Du kannst dies aber auch jeweils tun, bevor du es für dich selbst oder andere legst. Vertraue deiner inneren Führung.

Nimm die Starseed-Orakel-Box und hebe sie hoch in Richtung der Sterne. Sage laut oder im Flüsterton Folgendes:

> *„Ich rufe die alte Weisheit*
> *der Sterne und der Akasha an.*
> *Sternenhüter, Sternenahnen, Lichträte,*
> *nur wohlwollende Wesen der höchsten Reiche –*
> *kommet her, kommet her, kommet her.*

*Große Kosmische Mutter,
ich gebe mich hin in deine Umarmung.*

*Großmutter Mond,
ich ergebe mich deinem rhythmischen Puls.*

*Großer Kosmischer Vater,
ich ergebe mich deinem Schutz.*

*Großvater Sonne,
ich ergebe mich deiner Unterstützung."*

Nimm deine Starseed-Orakelbox und halte sie an dein Herz. Sage laut oder im Flüsterton Folgendes:

*„Ich verbeuge mich vor der Weisheit
meines eigenen inneren Tempels
und erlaube der wahren Stimme meiner Seele einzutreten.*

*Ich aktiviere das Portal meines Herzens
als Tor zwischen Himmel und Erde.
Ich erlaube meiner Persönlichkeit, beiseite zu treten.*

*Mögen diese Karten als Tor zur Weisheit
tief im Tempel meines Herzens
und im Herzen aller, für die ich lege, dienen.
Mögen sie immer nur die tiefsten,
reinsten und mächtigsten Gebete des Herzens
und die höchsten Aufrufe der Seele
zum Wohle aller Menschen und Wesen offenbaren.*

*Mögen die Führung und die Botschaften immer
nur freundlich, klar, unterstützend und hilfreich sein.*

*Ich gehe von meinem Willen
zu deinem Willen und mache den Weg frei."*

Nimm schließlich deine Starseed-Orakelbox und halte sie an die Erde. Sage laut oder im Flüsterton Folgendes:

*„Ich rufe den ewigen Puls
und die geerdete Weisheit der Erde an.
Steinmenschen, Pflanzenmenschen, Hüter der Erde.*

*Leitet mich und all jene, für die ich lege,
indem ihr den Karten erlaubt,
die grundlegende Handlung aufzudecken,
welche am hilfreichsten und immer nur
zum höchsten Nutzen aller ist.*

*Mögen alle, die mit ihnen in Berührung kommen,
nach Hause zurückkehren, in deinen ewig
fließenden Rhythmus, liebe süße Mutter.*

Danke, danke, danke, danke."

Du findest eine Version dieser Einstimmung zum Ausdrucken unter: www.StarseedOracle.me

DEUTUNGEN FÜR DICH
SELBST UND ANDERE

Diese Karten wurden geschaffen, um dir zu helfen, in einen direkten Dialog mit deiner Seele und der Intelligenz des Universums zu treten. Wenn du für eine andere Person die Karten deutest, erkläre dies und leite sie an, die Karten als Werkzeuge zu sehen, damit sie sich mit ihrer eigenen Seele verbinden kann.

Die Karten sind dazu da, Struktur und einen heiligen Raum zu schaffen, um die Berufungen deiner Seele (oder die der Person, für die du Karten legst) zu erforschen. Wir leben in einer Welt des freien Willens, und niemand außer uns selbst besitzt Autorität über unsere Seele. Andere dazu zu ermutigen, ihrer inneren Autorität, ihrer Stärke zu vertrauen, ist wichtige ethische Verantwortung des Kartenlesers.

Unabhängig davon, ob du für dich selbst oder für andere deutest, ist es von großer Bedeutung, deine Persönlichkeit und deinen Willen aus dem Spiel zu lassen. Damit meine ich, dass du ein klarer Kanal des Dienstes und der Hingabe sein musst – und offen für die Botschaft der Karten – ohne deine eigenen Urteile, Ansichten oder Interessen hineinzuinterpretieren. Wie bei jeder Heilungsarbeit gilt auch hier: Je bewusster wir in unserem eigenen Prozess sind, desto klarer wird unsere Deutung sein – sowohl für uns selbst als auch für andere.

Unsere Aufgabe als Kartendeuter ist es, andere zu befähigen, eine direkte Beziehung zu ihrer eigenen Seele aufzunehmen, anstatt sich auf unsere Anleitung zu verlassen.

DEUTUNG: GRUNDSCHRITTE

Schritt 1: Ein offener Raum für die heilige Seele

Bevor du mit einer Deutung beginnst, ist es wichtig, dich in den heiligen Raum der Seele zu begeben: von deinem persönlichen Willen, oder *meinem Willen* (der vom Ego beeinflusst wird), in den neutralen Raum des Willens (das Reich des Universums und der Seele) einzutreten. Es gibt viele Möglichkeiten, wie du dies tun kann, z. B. die ‚Einstimmung auf das Starseed-Orakel' ab Seite 20 zu sprechen oder die folgende Anrufung des heiligen Seelenraums, während du die Karten an dein Herz hältst:

<u>Heilige Seelenraum-Anrufung</u>

„Ich danke Euch, dass Ihr mir offenbart habt,
was das höchste Gut für alle ist.

*Danke, dass Ihr mir nur das enthüllt habt,
was für alle Menschen und Wesen hilfreich wäre.*

*Ich habe mich entschieden, in den heiligen Raum
der Seele und der Intelligenz des Universums einzutreten –
von meinem Willen zu deinem Willen.
Bitte führ mich, bitte führ mich, bitte zeige mir den Weg."*

Schritt 2: Mischen und Verbinden

Mische die Karten. Fühle dich in deine Frage/dein Gebet oder in jenes Thema oder den Bereich ein, zu dem du gerne Anleitung erhalten möchtest. Ich stelle die Frage/das Gebet gerne in der Mitte meines Herzens und sende es an die Sterne und die Erde, wodurch eine Lichtsäule auf meinem Rücken entsteht, die in meinem Herzen zentriert ist.

Schritt 3: Teilen und Ausbreiten

Teile die Karten in drei Stapel auf und führe sie dann in beliebiger Reihenfolge wieder auf einem Stapel zusammen. Breite die Karten vor dir aus. Jetzt bist du bereit, deine Wahl zu treffen.

Schritt 4: Wähle die Karten aus

Lass dich zu den Karten hinziehen und wähle dann die entsprechende Anzahl von Karten für die von dir gewählte Legung aus. (Sieh dir die Beispiele in ‚Legungen mit den Starseed-Orakel-Karten' ab Seite 28 als Anleitung an).

Lege die ausgewählten Karten in der von dir gewünschten Formation verdeckt vor dir ab. Lege die restlichen Karten auf die Seite und drehe dann die von dir ausgewählten Karten um.

Schritt 5: Lasse die Karten zu dir sprechen

Beginne deine Deutung mit dem von dir gewählten Legesystem. Im Abschnitt ‚Legungen mit den Starseed-Orakel-Karten' findest du einige Anregungen für die Struktur deiner Legungen. Schlag dann die Bedeutung der einzelnen Karten in den ‚Botschaften und Interpretationen der Karten' ab Seite 36 nach.

AUF STARSEED BEGRÜNDETE HANDLUNGEN

Wir sind hier, um eine menschliche Erfahrung zu machen und in einer physischen Welt zu leben, so dass all die Führung in der Welt sinnlos ist, wenn wir nicht geerdet handeln. Am Ende jeder Karteninterpretation im Abschnitt ‚Botschaften und Interpretationen der Karten' findest du Starseed-‚Handlungsaufforderungen'. Unterschätze nicht die Macht, die in diesen Handlungen liegt:

1. STARSEED-SEELENFRAGE – diese Aufforderungen ermöglichen es, dass das Flüstern deiner Seele gehört, ausgesprochen und bekannt wird. Sprich es laut aus, meditiere darüber oder führe ein Tagebuch, in dem du deine Intuitionen notierst.

2. STARSEED-AKTIVIERUNG – entzünde die Energie der Karte in dir. Es gibt keinen Ton, der stärker ist als deine eigene Stimme, deshalb halte für jede der Starseed-Aktivierungen die Karte an dein Herz und lese die Worte laut vor.

LEGUNGEN MIT DEN STARSEED-ORAKEL-KARTEN

BABYSCHRITTE
Legung mit einer Karte

Diese Legung ist ideal, wenn du eine schnelle praktische Anleitung suchst. Denk an ein Hindernis, das du hast, oder an einen Bereich in deinem Leben, für den du einen Rat oder Hilfe benötigst. Diese Deutung liefert inspirierte, fundierte Hinweise für den nächsten Babyschritt, den du machen musst.

Eine Karte: Babyschritt – Der nächste Schritt, zu dem du aufgefordert wirst.

SEELENGEFLÜSTER
Legung mit 2 Karten

Dies ist eine wunderbare Legeweise, um auf die Einflüsterungen deiner Seele zu hören und sie in geerdetes Handeln umzusetzen. Viele tun dies als Teil ihrer täglichen spirituellen Praxis.

Karte 1: Seelengeflüster – Wissen und Informationen, die dir deine Seele gern vermitteln möchte.

Karte 2: Bodenständige Handlung – Die Handlung, zu der dich deine Seele anleitet.

SCHICKSALSLEBEN vs LEBEN MIT BESTIMMUNG
Legung mit 3 Karten

Das Schicksalsleben ist das Leben, in das wir hineingeboren werden – jene Existenz, die durch die Gesellschaft mitgeprägt wird, deren Regeln wir folgen sollen. Das Leben mit Bestimmung ist die Reise des Helden – der mutig dem Ruf seiner Seele folgt.

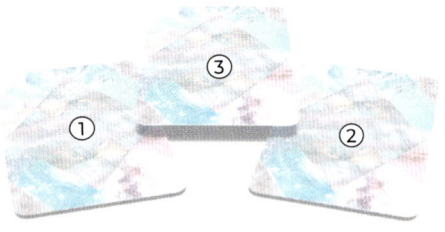

Karte 1: Schicksalsleben – Der Ruf des Ichs/das gesellschaftlich angepasste Leben.

Karte 2: Leben mit Bestimmung – Der Ruf der Seele.

Karte 3: Die Brücke – Der Sprung, die Herausforderung oder die Entscheidung, der wir uns stellen müssen – und die Veränderung oder Handlung, zu der wir aufgerufen sind.

STERNEN-URSPRÜNGE
Legung mit 5 Karten

Diese wunderbare Legeweise wird dir offenbaren, wer du als Seele bist, und ein Licht darauf werfen, wer du auf der Erde sein sollst.

Karte 1: Seelengeschenk – Weshalb du hierhergekommen bist, um etwas auszudrücken und mit der Welt zu teilen.

Karte 2: Karmische Wunde – Weshalb du hierhergekommen bist, um etwas zu heilen.

Karte 3: Lebenslektion – Weshalb du hierhergekommen bist, was du lernen sollst.

Karte 4: Aktuelles Hindernis – Das, was dich am meisten herausfordert.

Karte 5: Seelenruf – Wozu dich deine Seele aufruft.

HIMMEL, HERZ, ERDE, HERZ
Legung mit 6 Karten

Richte deine Aufmerksamkeit auf einen bestimmten Bereich in deinem Leben, zu dem du dich beraten lassen möchtest. Diese Legeweise bietet ein größeres Bild sowie eine fundierte Handlungsgrundlage.

Karte 1: Himmel – Führung durch die Sternenhüter. Die größere Perspektive.

Karte 2: Herz – Der Kern der Sache. Das tiefste Gebet des Herzens.

Karte 3: Erde – Führung durch die Hüter der Erde. Die geerdete Handlung, die erforderlich ist.

Karte 4: Herz – Das Hindernis. Was im Wege steht.

Karte 5: Ergebnis – Das Ergebnis der Situation, die sich gerade manifestiert: Denke daran, dass du einen freien Willen hast.

Karte 6: Geerdete Handlung – Der Babyschritt, den du tun musst.

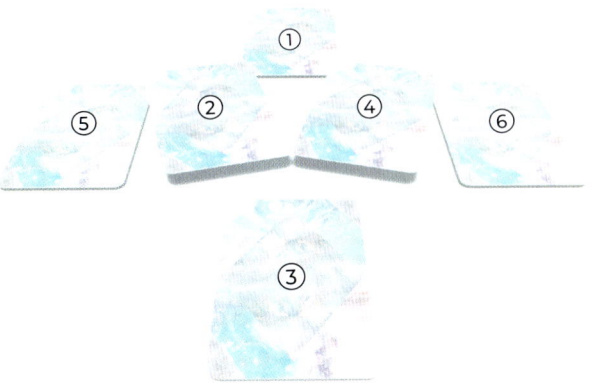

DIE BOTSCHAFTEN UND INTERPRETATIONEN DER KARTEN

DIE AKTIVIERTE ERDE

Machtvolle Orte. Ley-Linien.
Hab Vertrauen, wohin du geführt wirst.

Ley-Linien sind unsichtbare Linien, die weltweit verschiedenste prähistorische Kultstätten und Orte der Kraft wie etwa Kirchen, Steinkreise und Grabhügel miteinander verbinden. Wir können die Energie dieser Heiligen Linien spüren, wenn wir bereit sind, uns mit all unseren Sinnen auf sie einzulassen, uns mit ihnen zu verbinden. Einige Weise vergleichen sie mit dem in der chinesischen Medizin verwendeten Meridiansystem des Körpers.

In der Kultur der australischen Aborigines waren die Gesangslinien jene Wege, die die Schöpferwesen zurücklegten, als sie während der Traumreisen das Land und das

Meer erschufen. Diese Pfade wurden in den traditionellen Liedern und Tänzen der Menschen verewigt und ermöglichten es ihnen, Informationen über die Geschichte des Landes zu erhalten und sicher über große Entfernungen zu reisen.

Viele Menschen sind davon überzeugt, dass in uns etwas aktiviert und zum Schwingen gebracht wird, wenn wir solche heiligen Orte auf der Erde aufsuchen. Einige glauben auch, dass, indem wir uns voll Hingabe mit diesen Kultstätten verbinden, bestimmte Energien auf unserem Planeten aktiviert werden.

Hast du den Ruf vernommen, an einen heiligen Ort zu reisen, an den sich deine Seele erinnert? Oder um das Land, auf dem du lebst, zu pflegen? Um die bekannten und unbekannten Bewahrer oder Naturgeister dieses Landes zu ehren und anzuerkennen? Je mehr du dich mit der Erde verbindest und ihre Hüter ehrst, desto mehr öffnet sich das Land, um dich zu halten, dich zu tragen: Die Früchte bieten mehr Nahrung, und die Hüter wachen über dich.

STARSEED-AKTIVIERUNG

Lege die Karte auf das Portal deines Herzens
und flüstere Folgendes:

*„Ich danke ehrfürchtig den Bewahrern der Erde unter mir,
den bekannten und unbekannten.
Habt Dank für Nahrung und euer fürsorgliches Halten."*

△

ALLE WEGE FÜHREN NACH HAUSE

Innere Autorität. Intuition. Den Blick nach innen wenden.

Es ist für uns normal, in der äußeren Welt nach Antworten und Rat zu suchen. Zukunftweisend und geradezu revolutionär könnte es jedoch sein, stattdessen einmal den Blick nach innen zu richten. Du bist nun aufgerufen, deine Führung aus deiner inneren Quelle zu beziehen. Erkunde deine Seelen-Landschaften. Lass dich ein auf die Botschaften deines Herzens. Je mehr Zeit du damit verbringst, dich mit deiner Seele, deinem wahren Selbst zu verbinden, desto tiefer wird diese Verbindung werden.

Die Herausforderung für empathische Menschen besteht darin, mit sich verbunden zu bleiben, ohne sich von der Welt zu distanzieren. Der beste Weg, dies zu erreichen, besteht darin, eine tägliche Praxis zu entwickeln, die dir hilft, in deiner Mitte zu bleiben. Geh dazu in die Stille und lass dich leiten von jener inneren Weisheit, die du seit Anbeginn der Zeit besitzt. Wenn diese Karte erscheint, bist du aufgerufen, deine spirituelle Praxis weiterzuentwickeln oder neue Wege zu gehen. Gewöhn dir an, den Blick nach innen zu wenden – dich für den Tag zu zentrieren – bevor du in der Außenwelt aktiv wirst. Beginne mit einem Gefühl des ‚In-dir Zuhause-Seins'. Und im Laufe des Tages wirst du einfache Wege finden, um immer wieder dorthin zu gelangen.

Das bedeutet nicht, dich von den Geschehnissen der heutigen Welt abzuwenden – wir brauchen so viele bewusste Menschen wie möglich, die achtsam im Hier und Jetzt leben. Vielmehr ist es ein Aufruf, den Tag von einem Ort der Verbundenheit, der Gnade und der Hingabe aus zu beginnen. Wenn du also in die Welt hinausgehst und wenn du die Welt hereinlässt, tue dies aus einem unerschütterlichen Zustand der Selbstgewahrsamkeit heraus. Ein Zustand, in dem du deine Kraft, Intuition und Führung von einem Ort tief, tief in deinem Inneren beziehst.

STARSEED-SEELENFRAGE

Wie kannst du deinen Blick nach innen wenden?

DER ATEM DES KOSMOS

Mein Wille geschieht nach deinem Willen.
Mikromanagement des Universums.

Wenn wir uns stets auf unseren eigenen Willen verlassen, geben wir uns nicht dem natürlichen Fluss des Lebens hin, sondern versuchen das Universum bis ins kleinste Detail selbst zu managen. Wir vertrauen nicht auf den mystischen Atem des Lebens. Mehr noch: Wir lehnen die große kosmische Intelligenz ab und verlassen uns stattdessen auf unsere persönliche Stärke. Indem wir dies tun, versuchen wir, alles nach unserem Willen zu beeinflussen. Wir verbringen unsere Zeit damit, Dinge zu erzwingen, energisch anzutreiben und aus einem Raum des ewigen ‚Austestens' heraus zu leben. Unser Umfeld nimmt das wahr. Auch das Universum.

Du bist nun aufgerufen, mit dem Mikromanagement des Universums aufzuhören und dem Atem des Lebens zu vertrauen. Gib dich dem größeren Willen, gib dich dem, was Gott für dich bereithält, hin. Das heißt, du gibst dich hin und akzeptierst: Nicht mein, sondern dein Wille geschehe.

Wenn du dich jenem um so vieles größeren Willen des Lebens hingibst, beginnst du, mit dem Rest des Lebens zu tanzen. Wenn du dich vor dem großen Mysterium verneigst und sagst: ‚Bitte erfülle mich, bitte zeige mir den Weg', dann findest du nach und nach zu einem erfüllenden und authentischen Leben. Wenn du deinen persönlichen Willen und jede Form von Widerstand aufgibst – wenn du die Kontrolle abgeben und die Art und Weise loslassen kannst, wie du denkst, dass die Dinge sein sollten, und dich schließlich dem größeren Willen hingibst – erkennst du plötzlich, dass du selbst geführt wirst. Du beginnst, den Atem des Lebens zu atmen.

STARSEED-AKTIVIERUNG

Lege die Karte auf das Portal deines Herzens und flüstere Folgendes:

„Ich bin bereit, mich nicht mehr allein auf meine eigene Kraft und persönliche Pläne zu verlassen, sondern mich stattdessen dem Atem des Lebens hinzugeben. Lieber Gott, hilf mir, mich von deinem Willen leiten zu lassen. Bitte führe mich. Bitte zeige mir den Weg."

AUFGEBROCHEN

Tiefpunkt. Gib dich der Alchemie des Lebens hin.

Lass nicht zu, dass das Gewicht und die Last der Welt deinen empfindsamen Geist bedrücken oder gar zerstören. Nimm stattdessen alles in dir auf. In deinem Körper. Im Zentrum deines Seins. Erst durch den extremen Druck der Prüfungen des Lebens entstehen Diamanten. In den dunklen Lebensphasen kultivieren wir unseren Glauben, und unser inneres Licht wird entfacht. Dadurch, dass unsere Verhärtungen Risse bekommen, können wir zulassen, dass unsere Herzenswunden transformiert werden. Lass dich von deinem Schmerz, deiner Trauer und deinen Verlusten nicht brechen, sondern zu deiner wahren

Größe führen. Lass das Leben deine Verletzungen in Gold verwandeln.

Sei bereit dafür, „aufgebrochen" zu werden. Dich zu öffnen. Es sind die schwierigen Zeiten, die uns helfen, einen Quantensprung in unserer Entwicklung zu machen, und zwar in einer Weise, von der wir vorher nur träumen konnten. Aber dafür müssen wir uns zunächst öffnen. Manchmal ist dieser Prozess unglaublich schmerzhaft. Das ist der Weg der Natur. Ob du es zulassen willst oder nicht, dieser Prozess wird stattfinden, also gib dich der Verwandlung hin. Lass dich von Licht erfüllen.

Wenn dein Herz aufbricht, wird ein Raum geschaffen, in den deine Seele vollständiger eintreten kann. Wenn deine Seele aufbricht, wird ein Raum geschaffen, in den die Gnade des Heiligen Geistes eintreten kann. Verwandle dich mit Hilfe deiner Prüfungen, deiner Sorgen, deiner Schmerzen und deiner Verluste immer mehr in jenes Geschöpf, dass du in Wahrheit bist.

Bleibe offen für die Möglichkeit, dass deine Tragödien, deine Verluste, deine Probleme und dein Leid zu deinem Besten sind. Segne das, was dich aufgebrochen und fast zerbrochen hat, denn die Welt braucht deine Offenheit. Lass dich bereitwillig ein auf die Alchemie des Lebens.

STARSEED-SEELENFRAGE

Wie kann ich mich vom Leben aufbrechen lassen?

AUFGERUFEN

Seelen-Gaben und Ausbildung. Es ist an der
Zeit, einen Schritt nach vorn zu machen.

Du bist mit einer zweifachen Mission auf die Erde gekommen: Du sollst als Seele wachsen und einen Bewusstseinswandel herbeiführen. Der beste Weg, diese persönlichen und kollektiven Ziele zu erfüllen, besteht darin, dem zu vertrauen, wozu deine Seele dich aufruft. Denn dies ist in dem direkten Weg nach vorn verschlüsselt.

Deine Seele besitzt viele einzigartige Gaben, die sie mitgebracht hat, um diese mit anderen zu teilen. Einige sind dir vielleicht schon bewusst, andere beginnst du gerade erst zu entdecken. Du bist nun aufgerufen, dich daran zu erinnern, dass deine Seele auf intelligente Weise die perfekten Bedingungen gewählt hat, um deine Mission zu erfüllen und ihre Gaben der Welt zur Verfügung zu stellen.

Wenn du zu einem kreativen Projekt, einer Herzensaufgabe oder einem Abenteuer berufen bist, ist diese Karte deine Bestätigung, dass du auf dem richtigen Weg bist, und dass dieser Moment so für dich vorherbestimmt ist. Wenn du dich unvorbereitet fühlst oder denkst: ‚Wer bin ich schon, um das zu tun?', dann ist diese Karte ein Wegweiser, der dich dazu anleitet, aufzusteigen und den Sprung ins Ungewisse zu wagen. Mach dir bewusst, dass deine Seele vielleicht für genau eben diesen Moment ein Leben lang trainiert hat.

STARSEED-AKTIVIERUNG

Lege die Karte auf das Portal deines Herzens und flüstere Folgendes:

„Ich rufe die Seelen-Gaben und die Schulung herbei, die mir mein ganzes Leben lang zuteil wurden.

Ich bin jetzt bereit, all dies ohne zu zögern und frei von Angst auszuführen.

Ich verpflichte mich gegenwärtig zu sein.

Ich bin bereit, die höchste und kraftvollste Berufung meiner Seele anzunehmen.

Für diesen Augenblick habe ich mein ganzes Leben lang trainiert."

BABYSCHRITTE

Handlung. Folge deiner Intuition, bevor sie Sinn ergibt.

Du bist dazu aufgerufen, als Antwort auf den Ruf deiner Seele geerdet zu handeln. Beginne dort, wo du bist, und fange an, konsequent zu arbeiten. So viele Menschen halten sich selbst davon ab, ein erfülltes Leben im Einklang mit den wahren Bedürfnissen ihrer Seele zu führen, weil sie darauf warten, das Ziel zu kennen, bevor sie den ersten Schritt tun. Aber Intuition funktioniert nicht auf diese Weise. Unsere Seele ruft uns immer – in jedem Augenblick eines jeden Tages.

Der Weg zu einem Leben in Harmonie mit dem Universum besteht darin, jeden Tag auf die Rufe und das

Flüstern deines „Seelen-Babys" zu hören und entsprechend zu handeln. Beginne mit kleinen, mit Babyschritten. Setze achtsam einen Fuß vor den anderen. Nimm dir nicht zu viel vor, erledige jeden Tag ganz bewusst eine Aufgabe. Lass dir Zeit für dein inneres Wachstum.

Die Zeit auf der Erde vergeht langsamer als auf anderen Planeten. Dies kann zu Frustration unter den Starseeds führen, die ein schnelleres Manifestationstempo erwarten und deshalb häufig aufgeben, bevor die Samen wirklich zu sprießen beginnen. Wenn du diese Karte ziehst, ist es an der Zeit, dich für kontinuierliches Wachstum zu entscheiden. Mach dir keinen Stress. Indem du Babyschritte in die Richtung deiner Berufung machst, erlaubst du dir, dich in dem für dich richtigen Tempo zu entwickeln. Du erlaubst dir, dich daran zu erinnern, dass du nicht alles verstehen oder genau wissen musst, wohin dein Weg dich führt. Du musst nicht jede einzelne Etappe im Voraus kennen, bevor du dich auf deine große Reise begibst. Es geht immer nur um den nächsten Schritt.

STARSEED-SEELENFRAGE

Welchen einfachen Babyschritt kannst du
in Richtung deiner Seelen-Berufung machen?

△

DIE BLAUE FLAMME

Spontanes Erwachen. Aktivierung. Integrationszeit.

Dies ist eine Karte des Erwachens. Du erlebst ein energetisches Update. Vielleicht gehst du sogar durch eine Phase einer spontanen Erleuchtung. Hast du Visionen und machst du eventuell ungewöhnliche Erfahrungen?

Im Westen weiß man wenig über den Prozess des spontanen Erwachens, und es kann sich sehr beängstigend anfühlen, wenn wir ihn alleine durchmachen. In Ländern mit einer gewachsenen spirituellen Kultur werden solche Phasen als glückverheißende Erfahrungen angesehen. Diejenigen, die sie erleben, werden mit Fürsorge und Hochachtung behandelt. Die Blauen Wesen können in uns ein großes Potential für die Heilung und Verbesserung unserer

Zellstrukturen aktivieren. Sie erscheinen in Momenten einer allumfassenden Erleuchtung und ermöglichen das Aufsteigen der Kundalini als physischer Kraft sowie eine tiefe Zell- und DNA-Heilung.

Viele Menschen verklären den Prozess des Erwachens; in Wahrheit ist er viel unorthodoxer und komplizierter, als die meisten von uns sich vorstellen können. Wir müssen zuerst loslassen, was wir sicher zu wissen glauben. Uns komplett von unserem bisherigen Verständnis der Welt verabschieden. Alles vergessen, was wir glauben. Das ist nicht einfach. Der Prozess des Erwachens – auch wenn dieser ‚spontan' geschieht – braucht eine Menge Zeit, um integriert zu werden. Und ein Erwachen ohne Integration kann dazu führen, dass wir uns fühlen, als würden wir den Boden unter den Füßen verlieren. Wenn du dich inmitten des Erwachens befindest – einem Prozess der, wenn er einmal begonnen hat immer weitergeht – sei gut zu dir. Dies ist eine zutiefst heilige Zeit. Gib dir selbst genügend Raum, um die extremen Veränderungen, die du durchläufst, zu verarbeiten. Gönne dir Zeit, um dich zu erden und zu wachsen.

STARSEED-AKTIVIERUNG

Lege die Karte auf das Portal deines Herzens und flüstere Folgendes:

*„Ich erlaube mir, mich dem für mich richtigen Prozess des Erwachens hinzugeben.
Ich gehe die Dinge langsam an und integriere täglich bewusst meine Erfahrungen."*

BOTSCHAFTER

Sirius-Energie. Bringt Harmonie und Gleichgewicht.

Du gehörst zur Abstammungslinie jener Seelen, die ihre Lebenszeit der Erhöhung des Planeten gewidmet haben. Immer und immer wieder kehren die Kristallinen zurück, um das Licht zu säen. Sie sind hier, um uns die Heiligkeit des Lebens wieder ins Bewusstsein zu rufen. Um sowohl das heilige Feminine als auch Maskuline zu ehren. Und uns erneut die tiefe Ehrfurcht vor allem Leben auf diesem Planeten einzuflößen.

Es wird angenommen, dass viele Aufgestiegene Meister mit der Energie des Sirius verbunden sind. Oft erscheinen sie in einem Blauton, halten die Frequenz der reinen Liebe und sind hier, um dem Männlichen und Weiblichen zu helfen, in Harmonie zu existieren. Um ein größeres, ein globales Gleichgewicht zu gewährleisten. Sie sollen uns helfen zu erkennen, dass wir alle miteinander verbunden sind und dass die männlichen und weiblichen Energien in uns allen existent sind.

Du bist aufgerufen, dieses Gleichgewicht und diese Harmonie zwischen dem Männlichen und dem Weiblichen herbeizuführen. Ein Hüter der positiven Schwingungen und der Balance auf der Erde zu sein. Denk an die Wale, die um den Globus reisen und die Liebe durch ihren heilenden Gesang mit uns teilen. Ihre einzigartigen Töne senden harmonisierende Frequenzen in jeden Winkel des Planeten mit denen sie versuchen, ein gesundes Gleichgewicht zu erzeugen.

Weltweit findet eine Neuausrichtung von Männlichem und Weiblichem statt. Es geht um ein Wiederaufleben des Heiligen in uns allen. Um eine Wiederkehr der heiligen Vereinigung in uns allen. Ein Wiederaufleben von Himmel und Erde. Du kannst damit beginnen, Harmonie und eine ausgeglichene Balance zu erschaffen, indem du damit in deinem eigenen Leben beginnst. Von dort aus bringst du die heilenden, positiven Schwingungen in die Welt. Du kannst die heiligen männlichen und weiblichen Energien in dir selbst und in anderen ehren. Und damit wieder ins Gleichgewicht bringen.

STARSEED-SEELENFRAGE

Wie kannst du Harmonie in dein Leben oder auf den Planeten bringen? Wie kannst du das heilige Männliche und Weibliche in dir ehren?

DEINEN GARTEN BEWÄSSERN

Ernährung. Körperpflege. Zärtlichkeit. Ruhe.

Die Erde ist ein saisonaler Planet und somit bist du ein saisonales Wesen. Zyklisch. Niemand kann Monat für Monat, Tag für Tag in ‚voller Blüte' stehen und Höchstleistungen erbringen. Du wirst nachdrücklich aufgefordert, auf die Bremse zu treten, dich auszuruhen und Energie aufzutanken. Gönne dir eine Auszeit. Drossele das Tempo.

Dein Körper ist der einzige Körper, der dir gegeben ist – und als solchen solltest du ihn respektieren. Du wirst aufgerufen, Verantwortung für dein Wohlbefinden zu übernehmen, deine Gesundheit und deinen Körper an die erste Stelle zu setzen. Ich weiß, es kann sich anfühlen, als ob die Zeit knapp wird, und als ob es dringende Dinge gibt, die einfach nicht warten können. Wenn du jedoch ohne Pause weitermachst, wird sich bald Müdigkeit einstellen.

Dieser Lebensstil ist nicht nachhaltig. Jemand, der ständig atemlos durchs Leben hastet, wird irgendwann völlig erschöpft sein. Und es wird viel länger dauern, bis dieser Mensch sich regeneriert hat, als wenn er sich rechtzeitig ausgeruht hätte. Störungen des Immunsystems und geheimnisvolle Krankheiten treten immer häufiger auf, weil wir zu viel Druck auf unseren Körper ausüben, um mit dem schnellen Tempo des modernen Lebens Schritt halten zu können.

Wie wirst du aufgefordert, auf die Bremse zu treten? Dich auszuruhen, Kraft zu tanken und zu verjüngen? Wann hast du das letzte Mal Urlaub genommen oder ein ganzes Wochenende, einen Tag oder einen Nachmittag frei gehabt? Kümmere dich um deinen kostbaren Körper. Kümmere dich um deinen Geist. Schenk dir selbst genügend Zeit, um dich zu erholen. Dann verfügst du über Reserven, wenn du sie brauchst. Es gibt genug Zeit. Wenn du gut auf dich achtest und für dich sorgst, wird das Leben auf dich zukommen.

STARSEED-SEELENFRAGE

Wonach sehnt sich dein Körper?

△

DEIN LEBEN IST EINE LEINWAND

Künstler. Manifestation. Kreative Verantwortlichkeit.

Du bist der Künstler deines Lebens. Und dein Leben ist die Leinwand. Übernimm Verantwortung für deine Fähigkeit, Neues ins Leben zu rufen. Die Erde ist bekanntlich ein Planet der Manifestation. Dein gegenwärtiges Sein basiert auf deinen vergangenen Gedanken und Überzeugungen. Deine gegenwärtigen Gedanken bestimmen wiederum deine Zukunft. Welche Art von Leben willst du für die Zukunft kreieren? Was wartet darauf, von dir erschaffen zu werden?

Verbinde dich wieder mit deiner manifestierenden Kraft und richte deine Gedanken, Gefühle und Handlungen auf jene Schwingung aus, die dazu passt. Es ist nie zu spät, damit zu beginnen, und dazu ist auch keinerlei Erfahrung erforderlich. Alles, was du brauchst, ist ein offenes Herz, einen offenen Geist und die Bereitschaft, täglich konsequent zu handeln.

Wenn du dir nicht sicher bist, was du erschaffen möchtest, fang stattdessen mit einem Gefühl tiefer Dankbarkeit für alles Gute in deinem Leben an, das du gerade jetzt hast. Sprich laut aus, wofür du besonders dankbar bist. Suche nach dem Positiven, Schönen in deinem Leben, und eins ist sicher: Du wirst feststellen, dass du immer mehr wunderbare Erfahrungen in deine Welt bringst.

Diese Karte lädt dich ein, dein ganzes Leben als Leinwand zu sehen, und du bist der Künstler, Schöpfer. Erschaffe ein Bild. Dein Bild. Lass deine Gedanken und Gefühle in dein Werk fließen. Und gestalte das Leben, nach dem du dich am meisten sehnst. Vielleicht bist du auch aufgerufen, in deinem Alltag kreativer zu sein. Wozu bist du berufen worden? Was ist deine Bestimmung? Wofür brennst du? Wie kannst du dich kreativer ausdrücken?

STARSEED-SEELENFRAGE

Was wartet darauf von dir in diesem
Leben erschaffen zu werden?

△

DOPPELTE MISSION

Starseed Lichtarbeiter. Diene der Welt,
indem du einfach du selbst bist.

Starseed Lichtarbeiter sind missions- und zielorientiert. Viele haben das Gefühl, dass die Zeit knapp wird und dass es etwas gibt, wofür sie auf diese Erde gekommen sind. Sie fühlen, dass es etwas für sie zu tun, zu erschaffen oder dass es einen Beitrag gibt, den sie zum Wohle aller leisten können. Sie sind hier, um als Seelen individuell zu wachsen (individuelle Mission) aber auch, um durch ihre Handlungen den Planeten zu unterstützen (kollektive Mission).

Ihre kollektive Mission wird oft durch eine ‚Berufung' oder dadurch geklärt, dass sie ihr Leben etwas Größerem widmen. Solange du dich nicht an deine kollektive

Mission erinnerst, kann es sein, dass du spürst, dass etwas fehlt oder dass du etwas Wichtiges vergessen hast.

Es kommt häufig vor, dass Starseed Lichtarbeiter das Gefühl haben, dass sie ‚anders' sind. Sie können Seelenerinnerungen in sich tragen, so dass sie für andere wahrnehmbar sind oder ihre Stimme in der Welt teilen. Als solche schützen sie sich vielleicht, indem sie ihr Licht dimmen, um sich anzupassen, oder indem sie sich eine Zeit lang in einer Art spirituellem Keller verstecken.

Wenn du diese Karte ziehst, bist du aufgerufen, dich an deine kollektive Mission zu erinnern und sie noch umfassender zu erfüllen. Du wirst daran erinnert, dass deine Rolle als Lichtarbeiter darin besteht, die Welt allein durch deine Präsenz zu erhellen. Das muss keine große Sache sein oder eine Entscheidung, die es zu treffen gilt. Du benötigst auch keinen großen Plan dafür. Wenn du mit deinem Lichtarbeiter-Dasein in Resonanz stehst, musst du nur herausfinden, was dich zu einem lichtvollen Wesen macht – deine Leidenschaften und Herzensfreuden –, und genau dies auch weiterhin tun.

Wenn du dem einfachen Weg der Dinge, die dich erhellen, vertraust und ihm folgst, und dich dann in deinem Tun verlierst, schenkst du der Welt dein Licht, ohne dass du dich darum bemühen musst.

STARSEED-SEELENFRAGE

Wie kannst du der Welt dienen,
indem du einfach du selbst bist?

△

DU BIST LIEBE

Hadarianische Energie. Co-Abhängigkeit. Grenzen.

Man vermutet, dass die Hadarianer Leuchtfeuer reiner, göttlicher und bedingungsloser Liebe sind. Sie sehen Liebe in allen Menschen und allem, was geschieht. Infolgedessen kann es ihnen schwerfallen, enge, aufeinander konzentrierte und dennoch gesunde Beziehungen zu haben, weil sie nur die bedingungslose Natur derer sehen, denen sie begegnen.

Die Liebenden des Kosmos, sie tauchen schnell ein. Du bist hier, um zu lernen, wie man liebt, während du dich in einem separaten Körper befindest. Du musst lernen, zuerst dich selbst zu lieben und dann gesunde Beziehungen zu anderen aufzubauen. Erinnere dich daran, dass die

Liebe, die du suchst, bereits in dir ist. Dass du die Liebe wirklich ganz allein in dir trägst. Du bist Liebe.

Die Botschaft dieser Karte besteht darin, die Voraussetzungen zu prüfen, die du möglicherweise benötigst, um gesündere Grenzen zu ziehen. Vielleicht befindest du sich in einer co-abhängigen Beziehung, in der du dein Selbstbewusstsein verlierst. Es kommt häufig vor, dass Starseeds tief in Beziehungen eintauchen, insbesondere mit Menschen, die sich auf der Seelenebene sicher und vertraut anfühlen.

Eventuell befindest du dich in einer Beziehung, in der du mehr gibst, als du bekommst. Es könnte auch sein, dass deine Partnerschaft von einer gewissen Unbeständigkeit geprägt ist und du dir immer unsicher bist, wo du stehst. Diese Karte ist ein Zeichen dafür, eine Überprüfung deiner Beziehung vorzunehmen und zu sehen, welche energetischen Vereinbarungen du bewusst oder unbewusst getroffen hast. Um zu erkennen, ob es Verbindungen gibt, in denen du dich ängstlich oder machtlos fühlst. In denen du nicht das Gefühl hast, dass es sicher ist, dich zu entspannen und einfach du selbst zu sein. Oder um zu beurteilen, ob es Verhaltensweisen gibt, die du in einer Beziehung zur Beruhigung und Vertuschung deiner Bedürfnisse benutzt hast.

STARSEED-SEELENFRAGE

Verlierst du dich in Beziehungen? Wenn ja, wie?
Wie kannst du eine tiefere Liebe zu dir selbst entwickeln?

DU BIST NICHT ALLEIN

Isolation. Echte Begegnungen. Gemeinschaft.

Je älter die Seele, desto tiefer die Höhle für den Rückzug. Viele Starseeds und alte Seelen genießen ihre eigene Gesellschaft. Für sie ist es tröstlich und absolut notwendig, Zeit allein zu verbringen, damit sie in Ruhe mit ihrer Seele kommunizieren und ihre energetischen Ressourcen aufladen können. Das gilt insbesondere dann, wenn sie ein weniger aktives oder offenes Wurzelchakra haben – oder es ihnen einfach schwerfällt, Mensch zu sein.

Viele Starseeds finden es erfüllender, sich zurückzuziehen, als ihre Zeit in sinnlosen Gesprächen und Beziehungen zu verbringen. Wir dürfen jedoch nicht vergessen, dass wir nicht hier sind, um dieses Leben allein zu führen. Menschen brauchen die Liebe, Gesellschaft und Unterstützung anderer. Sowohl auf emotionaler als auch auf physischer Ebene.

Online können wir mit vielen Menschen verbunden sein – und uns dennoch einsamer und isolierter fühlen als je zuvor. Wir wissen einfach noch zu wenig über die energetischen Nebenwirkungen von Dingen wie den sozialen Medien. Wir können gar nicht einschätzen, was es bedeutet, wenn immer mehr Menschen unsere ‚Nachrichten' kennen. Wie wirkt sich das auf unsere Aura aus?

Meist befinden wir uns in ständigem Austausch mit anderen, doch oft fehlt uns die echte Verbindung von physischer Gemeinschaft, fehlen uns Berührungen. Diese Karte fordert dich auf, deine Höhle zu verlassen und die Menschen in deinem Leben hautnah zu kontaktieren. Wenn es nötig ist, zieh dich zurück um Kraft zu tanken, aber hör auf, dich zu isolieren. Nimm aktiv am Leben teil. Mach einen Besuch bei Freunden oder der Familie. Oder verabrede dich regelmäßiger zu einem Spaziergang mit jemandem. Auf welche Weise kannst du dich den Menschen öffnen, die wirklich eine Rolle in deinem Leben spielen? Jenen, die du wirklich kennst und die dir nahstehen?

STARSEED-SEELENFRAGE

Wie kannst du die Menschen in deinem
Leben physisch erreichen?

EINE NEUE ERDE

Es geschieht jetzt. Konzentriere dich auf deine Vision.

Gib jetzt nicht auf. Du bist deinem Ziel näher als du denkst. Ich weiß, es ist schwer, in der Schwingung eines neuen Zeitalters zu bleiben und die Frequenz aufrechtzuhalten, wenn es sich so anfühlt, als ob um dich herum vieles in sich zusammenfällt. So viele Menschen verlieren ihren Glauben. Halte durch, denn dies ist ein Zeichen dafür, dass du in die richtige Richtung gehst. Du besitzt die große Gabe, das Potential der Dinge wahrzunehmen, bevor sie physisch existieren. Kümmere dich um das neue Saatgut – erwecke es mit der Kraft deiner Träume und Visionen zum Leben. Bleib fokussiert, bleib gegenwärtig und halte unbeirrbar an deinem Glauben fest.

Neue Samen zu pflanzen und einen Wechsel der Zeitalter herbeizuführen, ist keine leichte Aufgabe. Es erfordert enormes Vertrauen und eine radikale Vision. Wenn du diese Karte ziehst, ist das eine Aufforderung an dich, Vertrauen zu haben! Du hast dich dafür entschieden, auf der Erde zu weilen, um Teil dieser globalen Veränderung zu sein. Egal, ob du dies durch Gebet und Meditation herbeiführen oder durch die Arbeit an einem neuen Projekt, einem Job oder einer neuen Schöpfung tun willst – mach weiter! Alles beginnt jetzt. Halte durch!

Die Welt braucht mehr Träumer wie dich. Mehr Menschen mit Hoffnung im Herzen. Der Weg, der vor uns liegt, ist vielleicht nicht gerade leicht – ein neues Zeitalter in Umbruchphasen einzuleiten, ist nie einfach. Du wirst ermutigt, dich daran zu erinnern, dass das, worauf du so lange hingearbeitet hast, zum Greifen nah ist. Zweifle nicht an dir. Zögere nicht. Intensiviere deine Hingabe. Denn wenn du das tust, wirst du in nicht allzu ferner Zukunft in der Lage sein, dich zurückzulehnen und zu beobachten, wie alles, was du so sorgfältig gepflanzt und gehegt hast, wächst und blüht.

All das ist möglich. Konzentriere dich weiterhin auf deine Träume. Du bist dem Ziel schon viel näher als du denkst.

STARSEED-SEELENFRAGE

Was kannst du tun, um dich auf
deine Vision zu fokussieren?

EMPATHISCHER STARSEED

Energetische Souveränität. Absorbieren,
was nicht zu dir gehört.

Empathische Starseeds sind hier, um die Welt allein durch ihr Dasein zu verwandeln. Mehr ist gar nicht notwendig, da allein ihre Gegenwärtigkeit energetische Veränderung bewirkt.

Aufgrund ihrer hochsensiblen Natur haben empathische Starseeds oft Probleme damit, auf der Erde und in einem physischen Körper zu sein. Viele sind anfällig für Süchte und Depressionen oder neigen dazu, die Gefühle und Stimmungen anderer Menschen für ihre eigenen zu halten. Als introvertierte Menschen bevorzugen sie es, ihre Zeit allein oder in kleinen Gruppen zu verbringen. Menschenmassen können für sie enorm kräftezehrend sein.

Wenn diese Karte auftaucht, überlege, wie du deine persönlichen Belastungen reduzieren kannst. Setze dich nicht so sehr unter Druck, in die Welt hinauszugehen. Sei liebevoll zu dir. Gewähre dir zusätzliche Zeit nur für dich, um dich energetisch zu erholen. Wenn du dich gedrängt fühlst, ein bestimmtes Tempo zu halten, trete stattdessen auf die Bremse und behandle dich wie ein geliebtes, wertgeschätztes Baby. Tu alles, was du kannst, um den Druck der Welt von deinen Schultern zu nehmen. Schalte ab, um wieder bewusst sein zu können. In der heutigen Welt ist es normal, das Gefühl zu haben, dass wir mehr tun sollten. Aber vielleicht reicht es manchmal aus, einfach in unserem Leben präsent zu sein.

Es könnte sich um eine Phase handeln, die du gerade durchmachst. Aber es ist auch möglich, dass du aufgerufen bist, dein Leben konsequenter zu leben. Wenn deine Arbeit darin besteht, ständig anderen etwas zu geben, dann bist du gerade jetzt aufgerufen, etwas für dich selbst zu tun und zu behalten. Du musst dich nicht für alles verantwortlich fühlen. Es ist in Ordnung, dich um dein eigenes Wachstum, dein Wohlbefinden und deine eigene Heilung zu kümmern, auch wenn du das Gefühl hast, du solltest für andere da sein. Natürlich kannst du dich für deine Mitmenschen einsetzen und es ist wichtig, weiterhin um Nachhaltigkeit bemüht zu sein – aber vergiss nicht, auch für dich selbst gut zu sorgen.

STARSEED-SEELENFRAGE

Wie kannst du energetisch besser für dich selbst sorgen?

ERINNERE DICH

Seelenplan. Dem Schicksal oder der Bestimmung folgen.

Es gab eine Zeit, lange bevor du geboren wurdest, in der du die Bedingungen deines zukünftigen Seins gewählt hast. Du hast die Weichen für jenes Leben gestellt, das du gerade führst. Und all die vielen Momente entlang der Zeitlinie deines Lebens geplant.

Aber wir leben in einer Welt des freien Willens, und deshalb werden diese Momente nur dann zu unserem Schicksal, wenn wir ‚Ja' zu ihnen sagen. Das Schicksal ist jenes Leben, in das wir hineingeboren wurden. Das schicksalhafte Leben ist das jedoch das Leben, für das sich unsere Seele entscheidet. Dazu braucht es Mut und Glauben. Wenn du diese Karte ziehst, dann deshalb, weil du jetzt wahrscheinlich vor der Wahl stehst, dem Schicksalsleben oder dem Leben in Bestimmung zu folgen. Du musst dem Weg vertrauen, auf den deine Seele dich ruft – und sich daran erinnern, dass dieser Moment auf der Zeitachse deines Lebens dir vorbestimmt war.

Vielleicht befindest du dich an einem Scheideweg. In einem Moment, in dem du aufgefordert wirst, eine Entscheidung zu treffen: Den vor dir liegenden, perfekt angelegten Weg weiter zu verfolgen oder den weniger bekannten Pfad zu betreten. Vielleicht stehst du vor einer beruflichen Veränderung, einer neuen Beziehung, einer schwierigen Entscheidung oder etwas anderem, das Mut und Vertrauen erfordert.

Du wirst aufgefordert, dich an den größeren Plan deiner Seele zu erinnern und ihm zu folgen. Wenn du mit einem unklaren Weg konfrontiert wirst, ist es normal, dass Zweifel aufkommen. Tatsächlich ist dies ein sicheres Zeichen dafür, dass du dich dem größeren Plan deiner Seele stellst. Jeder Held wird auf seinem Lebensweg mit Zweifeln, Bedenken und Ängsten konfrontiert. Die einzige Möglichkeit, mit ihnen fertig zu werden, ist sich ihnen zu stellen und unbeirrt weiter zu gehen. All das ist Teil des größeren Plans.

STARSEED-SEELENFRAGE

Was wird von dir verlangt,
um dem Plan deiner Seele zu folgen?

△

ES TUT MIR LEID

Schutzlosigkeit. Das Unrecht der Vergangenheit
korrigieren. Entwurzelung.

Wir leben in komplizierten Zeiten. Wenn wir verletzt und provoziert werden, neigen wir dazu, die Dinge als persönlichen Angriff und nicht als eine Gelegenheit zur Heilung zu sehen. Wenn wir wahren Frieden und echte Verbundenheit finden wollen, müssen wir unsere Verteidigungsmechanismen fallen lassen und die Dinge jenseits von richtig und falsch betrachten. Als Seelen erinnern wir uns untrennbar an die Einheit und sehnen uns hier auf der Erde nach ihr. Vielleicht ist das der Grund, warum es sich so schmerzhaft anfühlt, wenn wir das Gegenteil erleben. Aber es ist entscheidend, dass wir uns daran erinnern, dass wir die Realität nicht einfach ausblenden und so tun können, als ob Einheit, Liebe und Vergebung bereits da sind. Dies ist eine der größten Herausforderungen für Starseeds.

Um wahre Verbundenheit zu erreichen, müssen wir zunächst die Art und Weise anerkennen, in der wir von anderen und der Welt getrennt wurden – durch persönliche Erfahrungen, unsere Vorfahren und kollektive Ereignisse. Wir müssen uns den Schatten, dem Hass, den Wunden, der Trennung, dem Unrecht und der Traurigkeit stellen.

Vielleicht bist du berufen zu untersuchen, wie du, deine Vorfahren oder dein Umfeld anderen bewusst oder unbewusst Schmerz zugefügt haben. Versuch einen Weg zu finden, diesen Panzer, der sich um dein Herz gelegt hat, zu entfernen. Öffne dich und beginn damit, die Dinge so zu sehen, wie sie wirklich sind. Sag mit offenem Herzen ‚Es tut mir leid'– und meine es auch so. Werde Teil der Heilung statt übernommene Generationskonflikte oder Unterdrückung aufrechtzuerhalten. Hier geht es nicht um Schuldzuweisungen – es geht darum, jene Muster aufzulösen, die uns an diesen Punkt gebracht haben.

Vielleicht bist du berufen, deine Zeit der Ursachenforschung zu widmen oder Heilungsarbeit an deiner Ahnenlinie zu leisten.

STARSEED-SEELENFRAGE

Wie wirst du dazu aufgerufen,
deine Widerstände aufzugeben
und vergangenes Unrecht wieder gut zu machen?

FÜHREN, NICHT FOLGEN

Ebne einen neuen Weg. Sei du selbst der Führer,
nach dem du dich sehnst.

Wenn du wartest, bis dein Weg perfekt gepflastert ist, wirst du wahrscheinlich nie den ersten Schritt machen. Du selbst musst ihn dir ebnen. Gib auch die Suche nach jemandem auf, der dir die Richtung weist. Versteck dich nicht hinter Vorwänden, sondern tritt vor und werde selbst zu dem Führer, nach dem du dich schon so lange sehnst.

Die mutigsten und wichtigsten Anführer sind diejenigen, die nicht auf die Erlaubnis warten – oder bis zum jenem Morgen, an dem sie aufwachen und sich bereit fühlen. Sie atmen tief durch, setzen einen Fuß vor den anderen und während sie gehen, sammeln sie alle notwendigen Informationen. Sie warten nicht auf jemanden, der ihnen sagt, wo es lang geht, sondern führen sich selbst.

Dies ist eine Karte für Anführer. Du bist hier, um einen Weg einzuschlagen, der noch nie zuvor beschritten wurde. Du bist aufgerufen, als Erster zu gehen und anderen die Richtung zu weisen. Wenn du dich in den Medien falsch dargestellt fühlst, tritt vor, und zwar für all jene, die sich ebenfalls falsch dargestellt fühlen. Wenn sich niemand sonst zu den Themen äußert, die dir am Herzen liegen, dann teile deine wunderbare Stimme mit der Welt.

Es gibt niemanden auf der Erde, der auch nur annähernd deine einzigartige Kombination von Fähigkeiten, Talenten und Lebenserfahrung besitzt. Schaue nicht auf diejenigen, die vor dir gekommen sind, um deinen Weg zu finden – Anführer müssen ihren eigenen Weg beschreiten. Tu es für deine Tochter. Deinen Sohn. Tu es für dein jüngeres Ich. Tu es für die Führer, die nach dir kommen werden. Wenn du den ersten Schritt machst, wird es für die anderen leichter, deinem Beispiel zu folgen. Führer folgen nicht.

STARSEED-SEELENFRAGE

Inwiefern bist du dazu aufgerufen, ein
Anführer zu sein statt zu folgen?
Wie kannst du zu der Führungspersönlichkeit
werden, die du gerne wärest?

△

GEERDET

Lernen, Mensch zu sein. In der Welt, aber nicht von ihr.

Die Herausforderung für alle Seelen, die eine menschliche Erfahrung machen, besteht darin, in der Welt zu sein, aber nicht von ihr. Zu erkennen, dass sie Seelen sind, die eine menschliche Erfahrung machen, und sich dessen voll bewusst zu sein.

Viele Menschen neigen aufgrund ihrer Persönlichkeit dazu, sich entweder auf Transzendenz oder Immanenz zu beziehen. Diejenigen, die zur Transzendenz neigen, haben eine Sehnsucht nach den höheren Sphären und dem Metaphysischen: Sie sehnen sich nach einer persönlichen Erfahrung mit Gott und danach, sich im Himmel, im Universum zu verlieren. Ja, sie beneiden die Engel und fühlen sich beim

Beten oder Verweilen unter den Sternen wohler als im normalen irdischen Sein.

Diejenigen, die zur Immanenz neigen, haben eine starke Verbundenheit mit der Erde und ihren Körpern. Sie verbringen mehr Zeit damit, über die Dinge in dieser physischen Welt nachzudenken, anstatt sich mit dem Universum oder ihren eigenen mystischen Innenwelten zu verbinden. Eine vollständig verkörperte Seele zu sein, die eine menschliche Erfahrung macht, bedeutet, das Gleichgewicht zwischen Transzendenz und Immanenz zu finden. In der Welt zu sein, aber nicht von ihr.

Die meisten Starseeds neigen zur Transzendenz. Sie fühlen sich bei den Engeln und in den himmlischen Gefilden wohler. Das Leben auf der Erde kann für sie schwieriger sein. Wenn dies auf dich zutrifft, wirst du daran erinnert, dass du dich entschieden hast, eine Seele in einem Körper auf der Erde zu sein. Und du wirst aufgefordert, mehr von deinen Energien in der physischen Welt zu konzentrieren. Angehalten, zu lernen, wie man ein Mensch ist – eine Seele in einem menschlichen Körper, voll präsent für das, was das Leben auf der Erde dir zu bieten hat.

STARSEED-SEELENFRAGE

Neigst du dazu, dich eher nach den Sternen zu sehnen oder bist du mehr dem Physischen verbunden?

Wie kannst du ein besseres Gleichgewicht zwischen beiden erreichen?

DIE GOLDENEN KINDER

Inneres Kind. Zärtlichkeit. Unschuld. Seltene Gaben.

Goldene Kinder sind hochentwickelte, äußerst intelligente Seelen, die sich zunehmend auf dem Planeten Erde inkarnieren. Diese Kinder der Sonne besitzen wenig oder gar kein persönliches Karma. Sie verfügen über unglaubliche Gaben und enorme intuitive Fähigkeiten.

Goldene Kinder werden mit einer sehr klaren Mission geboren – viele erinnern sich von klein auf daran und beginnen schon früh im Leben, ihr zu folgen. Aufgrund ihrer einzigartigen Intelligenz können sie sich in der Schule schnell langweilen. Die meisten wurden noch nie auf der Erde inkarniert, und so haben sie, falls sie nicht auf die richtige Weise unterstützt werden, hier mit dem physischen Leben zu kämpfen. Sie werden oft als die ‚neuen Menschen' bezeichnet.

Wenn du diese Karte ziehst, kann das ein Zeichen dafür sein, dass du zur Mutter, zum Vater oder zur Erziehung eines Kindes berufen bist. Vielleicht bist du aufgerufen, dich um dein eigenes inneres Kind, eine kreative Idee, ein Projekt oder einen Neuanfang zu kümmern. Dir selbst oder dem, was gerade beginnt, mit süßer, zärtlicher Liebe zu begegnen. Es zu nähren und zu pflegen. Ihm jede Chance zu geben, zu wachsen und zu reifen. Und es stets zu ermutigen. Lerne, die Welt mit der Unschuld eines Kindes zu betrachten. Sieh dich selbst und alle anderen als unschuldige Kinder. Erinnere dich daran, dass jeder tief im Inneren sein Bestes gibt, und wenn du ihn mit einem liebevollen Herzen behandelst, so wird er auf seinem Weg durch dieses große Abenteuer, das Leben genannt wird, nicht verhärten.

STARSEED-SEELENFRAGE

Wie kannst du dich selbst
– oder andere –
liebevoller behandeln?

DAS GROSSE GANZE SEHEN

Energie der Plejaden. Visionär. Intuitive Eingebungen.

Die Plejadier sind unsere kosmischen Cousins. Sie rufen uns heute dazu auf, uns daran zu erinnern, uns zu verbinden. Es ist nie zu spät, neue Dinge zu lernen und die Zukunft zu verändern. Du bist berufen, ein Visionär für unseren Planeten zu sein. Mach ein paar bewusste Atemzüge und vergiss, was man dich über die Welt gelehrt hat. Entwickle neue Visionen für die Menschheit und für unsere Welt.

    Du bist wahrscheinlich jemand, der in großen Zusammenhängen denkt. Jemand, der eigene vorausschauende Ideen für die Zukunft hat. Du bist hier, um ein neues Zeitalter einzuleiten und eine neue Welt zu erträumen. Die Zukunft wird von Traumgestaltern, von Visionären wie dir gewebt werden. Von jenen, die mutig genug sind, die Dinge in Frage zu stellen. Und von Träumern, die nach besseren Möglichkeiten und Alternativen für diesen Planeten Ausschau halten.

Die Welt braucht mehr Künstler, Träumer, Erfinder und visionäre Denker. Vielleicht hattest du vor kurzem eine Idee, die du unbedingt umsetzen solltest. Falls ja, dann ist diese Karte deine Bestätigung dafür, dass sie höheren Ursprungs ist.

Die Plejadier unterstützen uns in dieser wichtigen Phase der Entwicklung der Erde. Sie wollen uns wissen lassen, dass die Entscheidungen, die wir heute treffen, das Wohlergehen unseres Planeten und des gesamten Universums beeinflussen werden. Sie fordern dich dazu auf, ein Führer in die Zukunft zu sein. Eine klare Vision von dem zu entwickeln, was möglich ist. Auf diese Vision zu vertrauen und sie täglich zu fokussieren, auf dass sie real wird. Eine neue Welt ins Leben zu träumen. Halte deinen Geist offen und versuche, dich nicht darum zu sorgen, was andere denken. Denn es erfordert wahrhaft großen Mut, einen neuen Weg zu beschreiten – einer Vision zu vertrauen, bevor sie Wirklichkeit wird.

STARSEED-SEELENFRAGE

Wie kannst du dich engagieren und die Führung übernehmen? Welchen neuen Ideen oder Visionen solltest du verfolgen?

HIRAETH

Sehnsucht nach der Heimat. Heimweh nach den Sternen.

Hiraeth ist ein Begriff aus dem Walisischen, der sich nur schwer übersetzen lässt. Er steht für ein tief in uns allen verwurzeltes Sehnen. Jene Sehnsucht nach einer Heimat oder einem Ort, an den wir nicht zurückkehren können. Dieses unerklärliche, durch nichts zu stillende Verlangen nach der wahren Heimat ist bei den Starseeds und alten Seelen weit verbreitet. Vielleicht fühlst auch du sie seit deiner Geburt.

Für manche ist es eine ferne Seelen-Erinnerung an einen Planeten, eine Galaxie oder ein Sternensystem im Universum. Einen Ort, an dem sie vielleicht mehr erlebt haben als auf der Erde. Für andere ist es die Sehnsucht nach der Verbundenheit mit der Quelle. Eine Erinnerung daran, dass wir alle miteinander verbunden sind zu einer ewigen Einheit.

Diese Sehnsucht kann einige Starseeds dazu veranlassen, zu reisen und überall auf der Welt nach einem physischen Ort zu suchen, der sich wie ‚Zuhause' anfühlt. Für andere kann sie sich als ein Bedürfnis manifestieren, in Menschen, Gemeinschaften und Beziehungen eine ‚Heimat' zu finden. Diese Starseeds sind auf einer Reise, um einen Platz oder Menschen zu finden, zu dem sie wirklich gehören.

Wenn dieses Sehnen nach Heimat in dir mitschwingt, du aber nicht wirklich weißt, wo diese Heimat sein könnte, bist du eingeladen, dich daran zu erinnern, dass deine Seele sich entschieden hat, hier auf der Erde zu sein. Du bist aufgerufen, dich voll und ganz der Verkörperung deines Lebens zu widmen. Dir wird versichert, dass du nicht allein auf diesen Planeten gekommen bist, und dass deine Seele sich bewusst entschieden hat, zu erfahren, wie es ist, eine Seele in einem irdischen Körper zu dieser Zeit zu sein.

Du bist aufgerufen, deine Persönlichkeit, deine Seele und deinen Geist im Hier und Jetzt zu verankern. Sei präsent und verpflichte dich bewusst, dein Leben so zu anzunehmen. Genau jetzt.

STARSEED-SEELENFRAGE

Wie kannst du bewusster dein Leben
annehmen und gestalten?

INNERE ERDE

Du wirst das überleben. Neue Lösungen und Anfänge.

Es heißt, dass die Innere Erde – auch als Agartha bekannt – eine verborgene unterirdische Welt innerhalb des Planeten selbst ist. Viele alte Kulturen erwähnen sie in ihren Geschichten: Es wird erzählt, dass einige der Wesen aus alten verlorenen Ländern wie Lemuria, Atlantis und Āryāvarta dorthin gegangen sind. Hinduistische und keltische Überlieferungen erwähnen Höhlen und Eingänge zu unterirdischen Welten. Der tibetische Buddhismus bezieht sich auf die geheime mystische Stadt Shambala, von der man annimmt, dass sie sich im Himalaya befindet.

Viele haben in der physischen Welt nach der Inneren Erde gesucht, jedoch ohne Erfolg. Das Rätsel geht also weiter: Ist dies ein Ort, der in der physischen Welt oder auf einer anderen Bewusstseinsebene existiert?

Es gibt Lösungen jenseits dessen, was du wahrnehmen kannst. Überraschende Möglichkeiten für deine Probleme und Herausforderungen. Optionen, die im besten Interesse aller Beteiligten sind. Wenn du auf ein Hindernis stößt oder dich festgefahren fühlst und nicht weißt, was du tun sollst, wird dir hier versichert, dass es einen Ausweg gibt. Du wirst das überleben und die Dinge werden sich regeln.

Wenn du feststeckst, tu etwas, um deine Energie zu aktivieren und deine Denkweise, deinen Blickwinkel zu ändern. Meditiere. Oder versuch etwas, was du normalerweise nicht tun würdest. Schon bald wirst du erkennen, dass ganz neue von Lösungen zur Verfügung stehen, die nicht von dieser Welt zu kommen scheinen. Dinge, die bisher außerhalb deines Fokus lagen, werden sich dir präsentieren. Hilfsbereite Menschen, Zeichen aus dem Universum und Unterstützung sind auf dem Weg zu dir. Manches geschieht wie erwartet, anderes auf eine völlig unvorhergesehene Art und Weise. Aber zuerst musst du etwas anderes tun, musst präsent und offen sein für das, was geschieht, damit du die Gaben des Universums empfangen kannst.

STARSEED-SEELENFRAGE

Was kannst du tun, um deine Energie zu aktivieren oder deinen Blickwinkel zu verändern?

KARMISCHE BEZIEHUNGEN

Orion-Energie. Polarität. Seelenwachstum. Konflikt.

Das Sternbild Orion wird von vielen als ein Ort großer Polarität und Einheit eingestuft. Einige glauben, dass viele Starseeds, die ein Teil seiner kosmischen Geschichte waren, jetzt auf der Erde inkarniert sind und karmische Beziehungen aus ihrer Orionzeit leben. Vielleicht bist du einer von ihnen.

Polarität verursacht Konflikte und hebt die Trennung hervor. Aus diesem Grund können Konflikte aber auch zu Einheit und Wachstum führen. Zu viele Missverständnisse entstehen, wenn wir unser Herz und unseren Verstand nicht öffnen. Nicht bereit sind, die Dinge aus einem anderen Blickwinkel zu betrachten. Wenn wir in einen reaktiven Modus des Grübelns verfallen, anstatt den Mut aufzubringen, unser Herz zu öffnen, sollten wir zugeben, dass wir vielleicht aufgrund unserer eigenen Verletzungen reagiert haben – und dann nach einem gemeinsamen Weg suchen.

Wir alle sind unschuldige Kinder, die wahrgenommen, wertgeschätzt und geliebt werden wollen. Es ist viel schwieriger, sich durch Konflikte einander anzunähern, als sich weiter auseinander zu leben. Und doch lädt uns ein Konflikt genau dazu ein. Es ist leicht, zu reagieren und Dinge persönlich zu nehmen. Es ist schwieriger, die Unschuld aller Beteiligten zu anzuerkennen und einen Weg zu finden, den Konflikt aufzulösen und aufeinander zuzugehen. Beziehungen schenken uns das größte Wachstums-Potential.

Wie kannst du dein Herz öffnen und deine Abwehr so weit einstellen, dass du die Dinge aus einem anderen Blickwinkel betrachten kannst? Wie kannst du die Unschuld aller Beteiligten erkennen? Wie schaffst du es zu lernen, eher die Gemeinsamkeiten als die Unterschiede zu sehen?

STARSEED-SEELENFRAGE

Welche Beziehungen stellen für dich
die größte Herausforderung dar?
Wie könntest du die Dinge aus einer
anderen Perspektive betrachten?
Bist du dazu aufgerufen, durch den
Konflikt Wachstum zu ermöglichen?

△

KIND DES KOSMOS

Die Intelligenz des Universums ist in dir.

Es gibt eine geheimnisvolle Kraft, die das ganze Leben beherrscht. Eine Intelligenz, die den Blumen sagt, wann sie blühen, und den Gezeiten und Jahreszeiten, wann sie kommen und gehen sollen. Diese Intelligenz steckt auch in dir. Sie hat schon existiert bevor du deinen ersten Atemzug getan hast, und sie wird noch lange nach deinem letzten Atemzug da sein. Es ist jener Teil von dir, der bereits jede Zelle informiert hat, was zu tun ist, als du noch im Bauch deiner Mutter warst.

Es ist schwieriger, dieser Kraft zu widerstehen, als sich ihr hinzugeben. Weil die Erde ein Planet der Polarität und des freien Willens ist, vergessen wir meist, dass diese Intelligenz in uns existiert. So oft trennen wir uns von diesem Pulsschlag des Lebens und fallen in das Muster, zu glauben, dass wir getrennt sind – oder haben das Gefühl, dass wir alles allein schaffen müssen. Wir mögen uns isoliert fühlen und dem Irrtum erliegen, dass es unsere Aufgabe ist, alle Dinge allein herausfinden. Es scheint, als ob wir uns stets auf unsere eigene Kraft verlassen müssten.

Du bist nun aufgerufen, dich an jene Intelligenz zu erinnern, die in jeder einzelnen deiner Zellen steckt. Erinnere dich daran, dass du ein wundervolles Kind eines liebevollen, sanften Universums bist. Dass du Zugang zu all der Intelligenz, Weisheit, Stärke, dem Fluss und den Qualitäten hast, die jemals existierten, existieren oder existieren werden. Vergiss nie: Wenn Blumen genau wissen, wann und wie sie blühen sollen, dann weißt du es auch.

STARSEED-SEELENFRAGE

Wie kannst du dich noch tiefer
dem intelligenten Fluss des Lebens hingeben?

DAS KOSMISCHE HERZ

Hingabe. Wirksamkeit.
Mache dein Leben zu einem bewegenden Gebet.

Wenn du dich in einen Zustand der Hingabe überantwortest, findest du dich im Fluss vereint mit allem Leben wieder. Du bist aufgerufen, deine Aufmerksamkeit tief in deinem Inneren auf die Intelligenz deines eigenen Herzens zu fokussieren. Verneige dich in Ehrfurcht vor deinem inneren Tempel. Lebe von nun an hingebungsvoll an diesem Ort. Verwandele dein Leben in ein großes, bewegendes Gebet.

Vielleicht hast du in letzter Zeit das Gefühl, dass dein inneres Gleichgewicht nicht mehr stimmt. Könnte es daran liegen, dass du spürst, dass die Kraft, mit der du bestimmte Dinge tust, schwach oder verwässert ist? Vielleicht hast du vergessen, warum du überhaupt damit begonnen hast, sie zu tun? Wenn das der Fall ist, dann ist dies dein Aufruf, dir einen Moment Zeit zu nehmen und dich wieder mit der Wahrheit im Zentrum deines Herzens zu verbinden. Von dort aus kannst du zu der Essenz dessen zurückkehren, worum es dir wirklich geht. Mit der Weisheit deines Herzens verbunden, kannst du dein Leben dem widmen, was dir wichtig ist, wozu du dich berufen fühlst. Und um tief, tief, tief, tief, tief zu blicken.

Es gibt die Zeit zum Ernten, und die Zeit zum Säen. Gerade jetzt bist du aufgerufen, die Samen deiner Seele zu säen und sie mit tiefer Hingabe zu nähren. Für sie zu singen. Sie mit dem süßen Wasser deiner eigenen Seele zu umsorgen. Verliere dich in der Kraft dessen, was dein Herz am meisten ausdehnt: Dein Leben danach zu leben, was dich lebendig fühlen lässt, und nicht danach, was alle anderen denken. Mache dein Leben zu einem großen, bewegenden Gebet.

STARSEED-SEELENFRAGE

Wie kannst du Leben
zu einem bewegenden Gebet machen?

△

LASS DICH IN MEINE ARME FALLEN

Hingabe. Halten der Gegensätze. Die Extreme des Lebens.

Die Große Mutter führte dich ein auf diesem Planeten als du deinen ersten Atemzug gemacht hast – und sie wird da sein, wenn du deinen letzten Atemzug tust. Sie weiß, wie herausfordernd das Leben sein kann. Unser irdisches Sein ist manchmal einsam und verwirrend. Und das Gefühl von Polarität und Trennung kann quälend sein, wenn sich deine Seele an die Einheit mit der Quelle erinnert. Aber gleichzeitig kann diese Erinnerung unglaublich wundervoll und süß sein. So oft sehen wir die Dinge entweder als gut oder schlecht an – wenn es rund läuft, bedeutet das, dass wir belohnt werden. Doch sobald unser Lebensweg mit

Hindernissen gepflastert ist, glauben wir, vielleicht etwas falsch gemacht zu haben. Wir sind jedoch alle hier, um uns weiterzuentwickeln und zu wachsen. Und es sind genau die Extreme des Lebens, die uns dabei helfen, dies zu tun.

Wir laden dich ein, die Höhen und Tiefen der menschlichen Erfahrung willkommen zu heißen und dich von ihnen tiefer in das Leben einführen zu lassen. Die Leiden und die Ekstase. Die Schönheit und Süße, aber auch die Bitterkeit des Lebens auszukosten.

Dieses Leben ist nur ein einziger Atemzug in der unauslöschlichen Existenz deiner Erfahrung als Seele. Die Große Mutter möchte, dass du deine Einsamkeit, deine Sorgen, deinen Schmerz, deine Trauer, deine Ängste, deine Qualen und deine Zweifel aufgibst – um sie auf ihren Altar zu legen. Lass dich vertrauensvoll in ihre Arme fallen. Erinnere dich daran, dass Extreme zwar schwierig sind, aber auch großartig sein können. Je wilder das Pendel deines Lebens schwingt, desto wahrhaftiger kannst sagen: ‚Ich habe wirklich gelebt'.

STARSEED-AKTIVIERUNG

Lege die Karte auf das Portal deines
Herzens und flüstere Folgendes:

*„Ich bin bereit, die Extreme meines Lebens zu umarmen.
Ich lege alles, was mich belastet,
auf den Altar der Großen Mutter
und lasse mich vertrauensvoll in ihre Arme fallen."*

DIE LAST DER WELT

Grenzen setzen. Lass es gut sein.
Es ist nicht deine Aufgabe, die Last der Welt zu tragen.

Du musst nicht alles tragen. Du nützt niemandem etwas, wenn du leer bist und durch das Gewicht der Welt runtergezogen wirst. Diese Karte erinnert dich daran, dich vor allem um dein eigenes Wohlergehen zu kümmern. Höre auf, die Probleme der Welt auf deinen Schultern zu tragen. Es ist wie im Flugzeug: Bevor du anderen bei Turbulenzen hilfst, setz zuerst die eigene Sauerstoffmaske auf. In diesen sich wandelnden Zeiten ist es schwer, dich nicht vom Zustand des Planeten überwältigt zu fühlen, aber du kannst deine Probleme nicht in einem Zustand energetischer Erschöpfung erfolgreich angehen.

Diese Karte ist ein Dankeschön dafür, dass du dir so viel Mühe gibst. Du willst eine bessere Welt bauen und anderen den Weg erleichtern – und das ist wirklich wunderbar. Aber die Art und Weise, wie du das bisher getan hast, ist wahrscheinlich nicht nachhaltig. Das soll nicht heißen, dass du dich von den Problemen der Welt abschotten und egoistisch werden sollst. Es ist vielmehr ein Aufruf, klare Grenzen zu setzen, damit du nicht ständig energetisch herausgefordert wirst. Der Planet braucht dich. Doch dazu musst du körperlich, seelisch und mental fit sein.

Anstatt also nach dem Aufstehen gleich die Nachrichten zu konsumieren oder nach deinem Handy zu greifen, sobald du aufwachst, tauche zuerst in eine dich nährende Praxis ein – wie Meditation, Seelenforschung, tiefes Atmen oder Bewegung in der Natur. Wenn du in einem Zustand der Gnade bist und deine innere Quelle der Weisheit sprudelt, kannst du dich dem Tag, dem Zustand der Welt stellen und dich um andere kümmern. Und am Ende des Tages kannst du eine energetische Dusche nehmen, indem du alles entfernst, was nicht zu dir gehört. Du kannst dich am nächsten Morgen erneut damit beschäftigen, wenn du willst, aber gib dir Zeit und Raum, um dich zu regenerieren und auszuruhen.

STARSEED-SEELENFRAGE

Was trägst du, was nicht zu dir gehört?

DAS LEBEN GENIESSEN

Venus-Energie. Vergnügen. Freude. Das Leben lieben.

Dies ist eine sinnliche, höchst weibliche Karte. Es ist ein Aufruf, dich der Lieblichkeit des Lebens hinzugeben. Lass das immer reichlich vorhandene Weibliche die Oberhand gewinnen. Erlaube dir, die Früchte zu kosten, für deren Anbau du so hart gearbeitet hast. Lasse deine Sinne die Oberhand gewinnen, und dich berauschen vom süßen Nektar des Lebens. Genieße all die köstlichen Gaben, die dieser Planet zu bieten hat.

Für die alten Babylonier war die weibliche Göttin Ishtar mit dem Planeten Venus verbunden. Und in der römischen Mythologie war Venus die Göttin der Liebe und Schönheit.

Am nächtlichen Himmel leuchtet die Venus neben dem Mond am hellsten.

Zeit ist unsere kostbarste Ressource – und sie ist die größte Heilerin. Wenn du nur arbeitest und wenig Spaß hast, ist dies ein Zeichen, dir eine Auszeit zu nehmen. Damit du dich wieder mit geliebten Menschen verbinden, mit deinen Kindern spielen und dir den Luxus gönnen kannst, keine Termine und Verpflichtungen zu haben.

Viele von uns sind so sehr mit der Planung und Organisation ihres Lebens beschäftigt, dass wir vergessen, es zu genießen. Wir vergessen, warum wir uns überhaupt entschieden haben, hier zu sein. Die Trennung von der Lieblichkeit verursacht mehr Schmerz, als uns bewusst ist. So viele von uns gehen an fünf Tagen in der Woche im Namen des Überlebens in seelenlose Gebäude. Wir streben danach, das Leben unserer Träume aufzubauen, aber wir reiben uns selbst bis zur Erschöpfung auf. Brennen aus. Diese Karte will dich verführen, dich wieder für die Freuden des Menschseins zu öffnen. Sie fordert dich auf, dich auf das zu konzentrieren, was wirklich zählt, und dein unglaubliches Leben zu genießen.

STARSEED-SEELENFRAGE

Wie kannst du dich der Lieblichkeit
des Lebens hingeben?
Siehst du eine Möglichkeit, wie du dein Leben
ein wenig mehr genießen kannst?

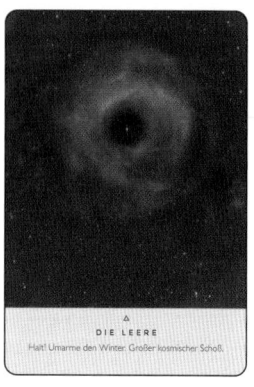

△

DIE LEERE

Halt! Umarme den Winter. Großer kosmischer Schoß.

Alles und nichts existiert in der Leere. Dort beginnt und endet alles Leben. Sie ist der Winter – und der Mutterleib. Die fruchtbare Dunkelheit, in der alle Dinge entstehen und alle Samen keimen. Tröstlich und einschüchternd. Befreiend und beängstigend. Das Ganze kann sich sowohl überwältigend winzig als auch riesig anfühlen. Die Leere ist der Ort, an dem der Glaube lebt.

Die Botschaft der Leere besteht darin, sich dem Unbekannten hinzugeben. Erlaube der fruchtbaren Dunkelheit des Nichts, die neuen Samen zu nähren, die in dir wachsen – unabhängig davon, ob du weißt, was daraus eines Tages werden wird. Du bist aufgerufen, dich dem Mysterium dessen hinzugeben, was als Nächstes geschehen will. Dich auszuruhen und den Winter die Arbeit für dich tun zu lassen. Deine Kontrolle abzugeben und darauf zu vertrauen, dass sich die Dinge optimal entwickeln – auch wenn du nicht sehen kannst, was unter der Oberfläche passiert.

Die wichtigsten Schicksalsfäden werden miteinander verwoben, wenn wir lernen, uns hinzugeben und darauf zu vertrauen, dass unser Leben für uns perfekt gestaltet wird. Direkt unter der Oberfläche. Auf bekannte und unerklärliche Weise. Jetzt ist es an der Zeit, unseren Glauben zu kultivieren und tiefe, tiefe Ruhe einkehren zu lassen.

Die Leere taucht oft am Ende eines Abschnitts oder einer Lebensphase auf. Wenn wir aufgerufen sind, alles loszulassen, was wir kennen und mit dem wir uns identifizieren. Es kann sich beängstigend anfühlen, wenn du dich im Zustand der Leere befindest – so, als ob du unbedingt etwas tun solltest. Wenn diese Karte jedoch erscheint, ist dies ein sicheres Zeichen dafür, dass es am produktivsten ist, die Kontrolle abzugeben und dich dem sich stets im Wandel befindlichen Mysterium des Lebens hinzugeben.

STARSEED-SEELENFRAGE

Wie wirst du dazu aufgerufen, dich dem unbekannten Geheimnis deines Lebens hinzugeben?

LOSLASSEN

Bewältigungsmechanismen. Schwere.
Gewohnheit. Lass Gott in dein Leben.

Wir sind zyklische Wesen – Mutter Erde lehrt uns, jeden Tag mit dem Kommen und Gehen der Gezeiten zu leben. Aber auch in Einklang mit den Jahreszeiten. Lehrt uns loszulassen. Wenn du dich an irgendetwas klammerst, widersetzt du dich dem natürlichen Fluss dessen, was ist. Die Dinge, an denen wir festhalten, sind so oft diejenigen, die wir am ehesten loslassen müssen: die Nahrung, die Beziehung, die Arbeit, Menschen, die uns erfreuen …

Die Dinge, an die wir uns klammern, verdecken oft unseren verwundbarsten Raum – jenen Teil, vor dem wir am meisten Angst haben, ihn leer zu lassen. Den Teil, den wir bewachen und in den wir keine Gnade hineinlassen. Aber indem wir diesen Raum mit etwas füllen, das uns nicht dient, oder indem wir uns aus Angst davor, dass etwas oder jemand nicht von selbst bleibt, an ihm festhalten, verhindern wir, dass das Richtige geschieht. Ein Kurs in Wundern lehrt uns: ‚Was immer wir leer lassen, wird Gnade füllen'. Und Buddha sagte ‚Man kann nur verlieren, woran man sich festhält.' Und in der Tat ist beides ist wahr.

Wenn diese Karte erscheint, bist du aufgerufen, den Mut zu finden, deinen Griff zu lockern und die Kontrolle aufzugeben. Auf deine Bewältigungsmechanismen zu verzichten und der Gnade und Gott Raum zu lassen, einzutreten. Übergib alles, was sich dicht und schwer anfühlt, dem Göttlichen.

Wenn du deinen Griff lockerst, wenn du loslässt, bedeutet das nicht, dass das, woran du festgehalten hast, verschwindet. Das kann passieren. Oder auch nicht. Aber du kannst sicher sein, dass das, was für dich ist, was wirklich zu dir gehört, dich auch finden wird. Und du wirst befreiter atmen, weil du weißt, dass du dich nicht mehr auf deine eigene Kraft verlassen musst, sondern dich vertrauensvoll der Gnade des Lebens hingeben kannst.

STARSEED-SEELENFRAGE

Woran klammerst du dich aus Angst,
dass nichts anderes mehr kommen mag?

DIE MEERE VON MINTAKA

Potential erkennen. Unbewusstes ans Licht bringen.

Man vermutet, dass Mintaka ein Planet auf Wasserbasis war, der das kristallklarste Wasser enthielt, das man sich überhaupt vorstellen kann. So klar, dass man meilenweit unter Wasser sehen konnte.

Die Karte der Mintaka-Meere repräsentiert das kristallklare Erkennen des Potentials und aller Möglichkeiten. Es geht um die Fähigkeit, ja um die Wahl, dieses Potential in allen Menschen und Situationen zu erkennen. Das könnte eins deiner natürlichen Talente sein, oder ein Zeichen dafür, dass in dem, was du gerade tust, ein großes Potential steckt. Es heißt, dass die Mintakaner eine galaktische Rasse waren, die in allem und jedem das Licht erblickte.

Möglicherweise hast du diese Karte als Bestätigung dafür erhalten, dass eine Situation oder ein Projekt ein großes Potential in sich birgt und Früchte tragen wird. Wenn die Karte bei einer Legung erscheint, ist das ein sehr positives Zeichen dafür, dass sich die Dinge zum höchsten Potential aller Beteiligten entwickeln. Es ist eine sehr erhebende, mit Licht gefüllte Karte, die große Harmonie, Zufriedenheit und positive Ergebnisse mit sich bringt.

Carl Gustav Jung hat gesagt: „Bis du dem Unbewussten bewusst wirst, wird es dein Leben steuern und du wirst es Schicksal nennen." Wenn Wasser in Träumen und in der Kunst auftaucht, repräsentiert es oft das Unbewusste. Wenn du diese Karte ziehst, bedeutet das auch, dass du möglicherweise aufgerufen bist, unbewusste Muster ans Licht zu bringen. Dir deine Schatten anzusehen. Dich bewusst mit diesen Dingen zu konfrontieren, damit sie dein Leben nicht in Form von schicksalhaften Ereignissen beeinflussen. Welche Schatten, welche unbewussten Muster oder Verhaltensweisen warten darauf, ans Tageslicht gebracht zu werden?

STARSEED-SEELENFRAGE

Wie kannst du das verborgene Potential in einer Situation erkennen, mit der du konfrontiert bist? Welche unbewussten Muster sollst du ans Licht bringen?

DIE MUTIGE PFINGSTROSE
Facettenreiche, einzigartige Natur. Zeige dich wie du bist.

DIE MUTIGE PFINGSTROSE

Facettenreiche, einzigartige Natur. Zeige dich wie du bist.

Blumen öffnen und schließen sich unabhängig davon, wer an ihnen vorbeigeht. Sie akzeptieren sich so wie sie sind. Zeigen sich der Welt. Die Pfingstrose versucht nicht, mit der Kirschblüte zu konkurrieren, und die Kirschblüte versucht nicht, mit der Tulpe in Wettstreit zu treten – sie sind, was sie sind, und vertrauen auf das Timing ihrer wahren Natur. Du bist aufgerufen, das Gleiche zu tun.

Es ist an der Zeit, dich dafür zu öffnen, gesehen zu werden. Es ist an der Zeit, deine unglaubliche, facettenreiche, wahre Natur mit der Welt um dich herum zu teilen. Und es ist an der Zeit, ohne zu zögern, die größten Gaben deiner Seele anzunehmen, sie zu leben, zu offenbaren und mit anderen zu teilen. Akzeptiere deine Einzigartigkeit. Entschuldige dich nicht für vermeintliche Makel. Es gibt eine Blume auf diesem Planeten, welche die gleichen Qualitäten besitzt, die deine Seele bereit ist auszudrücken. Möge diese Blume dir den Weg weisen.

Vielleicht hat man dir beigebracht, dass es sicherer ist, dein Licht zu verbergen und mit leiser Stimme zu sprechen; dich hinter den Büschen zu verstecken und dich klein zu machen, anstatt aufrecht zu stehen. Die mutige Pfingstrose zeigt sich hier, um dich daran zu erinnern, dass es sicher ist, all das zu verkörpern, was du wirklich bist. Es ist sicher, deine Stimme zu teilen und dich zu zeigen. Am Anfang kann es sich unangenehm anfühlen und du magst Angst davor haben, was andere über dich denken – aber mit jedem Tag, der vergeht, wird es leichter. Und nach einiger Zeit wirst du beobachten, dass du diejenigen anziehst, die für dich bestimmt sind; und Erfahrungen, nach denen du dich gesehnt hast, treten einfach in dein Leben.

STARSEED-SEELENFRAGE

Wie kannst du dir selbst erlauben,
für die Welt sichtbar zu sein?

△

PERSPEKTIVE

Nichts ist von Bedeutung. Herauszoomen.
Gemeinsame Basis.

Tritt einen Schritt zurück und betrachte das Gesamtbild deines Lebens. Verabschiede dich von der Scheuklappenvision und reaktiven Geisteshaltung des ‚Ich allein gegen'. Ändere deine Perspektive. Korrigiere deinen Blickwinkel und zoome dich aus deinem kleinen Selbst heraus, heraus, heraus.

Wir sind alle nur ein Staubkorn im Universum, und doch glauben wir, dass sich alles um uns dreht. Wir betrachten den Planeten als unser Eigentum. Alles dreht sich um Besitz, um Eroberung. Wir plündern das Land und wollen Monumente für die Ewigkeit erschaffen. Wir bauen Zäune und

Mauern, schaffen unsichtbare Grenzen. Mutter Erde braucht uns nicht, um zu überleben, aber wir brauchen sie. Es ist Zeit aufzuwachen. Eine neue Sichtweise ist dringend erforderlich.

Wir verlieren uns so sehr in unseren individuellen Erfahrungen, dass wir nicht erkennen, dass die meisten Dinge, die uns nachts den Schlaf rauben, eigentlich Ablenkungen sind. Wir verschwenden unsere kostbare Zeit und unsere Ressourcen damit, gegeneinander zu kämpfen. Dabei sollten wir zusammenkommen, um gemeinsam zu heilen, was voneinander getrennt wurde.

Dieser Moment ist ein Atemzug in der Zeitlinie deines Lebens. Dieses Leben ist ein flüchtiger Moment im Wandteppich der Erfahrungen deiner Seele. Die Erfahrung deiner Seele ist ein Blitz in der Zeitlinie des bekannten Universums. Und das bekannte Universum ist ein Sandkorn im unbekannten Universum. Nimm dir einen Moment Zeit, um das große Ganze zu sehen. Um den Kontext, die Zusammenhänge zu erkennen. Um eine gemeinsame Basis mit anderen zu finden. Vor allem um tiefes Mitgefühl in deinem Herzen wahrzunehmen. Und um eine neue, eine für dich bewusstseinserweiternde Perspektive der Menschheit in diesem flüchtigen Moment in der Zeitlinie der Existenz deiner Seele, in der Zeitlinie von allem, was ist, war und jemals sein wird, zu gewinnen.

STARSEED-SEELENFRAGE

Wie wirst du aufgefordert, deine Perspektive zu ändern?

△

DAS PORTAL

Türen öffnen sich. Du entscheidest. Belohnungen. Joker.

Die Türen öffnen sich für dich. Deine Erkenntnisse, Gedanken und Empfindungen sind momentan besonders intensiv. Die Planeten richten sich aus. Das Timing ist richtig. Das Universum sagt JA! Du besitzt die Gabe des Midas.

Deine harte Arbeit wird belohnt. Dies ist eine Zeit, in der du die Früchte für deine in der Vergangenheit unternommenen Anstrengungen ernten kannst. Es ist auch eine Zeit, in der du viel erreichen kannst. Große Entwicklungssprünge sind möglich, extreme Veränderungen denkbar. Weite Entfernungen können in kurzer Zeit zurückgelegt werden. Du schwimmst mit dem kosmischen Strom des

Lebens. Welche Erfahrung möchtest du machen? Was möchtest du erschaffen? Welches neue Abenteuer möchtest du manifestieren? Verliere nicht den Fokus. Nutze diese Gunst der Stunde weise. Sei dir deiner Emotionen bewusst, handele überlegt. Projekte, an denen du gearbeitet hast, kommen zum erfolgreichen Abschluss. Alles steht in voller Blüte. Es ist an der Zeit, deine Ernte einzufahren und von deinen wohlverdienten Früchten zu kosten.

Wenn diese Karte in einem Legesystem auftaucht, ist das ein sicheres Zeichen dafür, dass mühelose Veränderungen möglich sind. Wenn du nach einem Zeichen gesucht hast, ist dies dein Portal in diese neue Realität. Jetzt ist es an der Zeit, große Veränderungen vorzunehmen. Wenn du angeleitet worden bist, die Dinge zu ändern, wirst du momentan sehr gut unterstützt. Nutze diese Energie und lege sofort los!

STARSEED-SEELENFRAGE

Was würdest du am liebsten erleben?

△

DER PULS DES LEBENS

Puls der Mutter Erde. Entschleunigung. Zeit in der Natur.

Ein geheimnisvoller Puls begleitet uns unser ganzes Leben. Der Planet selbst folgt einem Rhythmus – wir erkennen ihn in den Jahreszeiten und den Gezeiten. In unserer Welt des künstlichen Lichts, der langen Arbeitszeiten und vieler moderner Annehmlichkeiten können wir uns jedoch leicht festgefahren und aus der Bahn geworfen fühlen.

Es ist an der Zeit, uns wieder mit der Natur zu verbinden und uns mit dem Puls der Erde zu vereinen. Das Pulsieren der Erde ist mein Lieblingswerkzeug, um mich dem rhythmischen Puls der Mutter und des gesamten Universums hinzugeben; du kannst hier eine Earth Meditation herunterladen: www.StarseedOracle.me.

Heute sind viele von uns von der Erde abgekoppelt. Irgendwann kam es zu einer Trennung. Es geschah in einem Moment, in dem es zu schmerzhaft wurde, in Verbindung zu bleiben. Wir fühlen uns ohne Unterstützung, fühlen uns, als ob wir nicht dazugehörten. Wir schauen auf andere Menschen und die Außenwelt, um diese durch den Verlust entstandene Leere der Verbindung, der Geborgenheit und der Zugehörigkeit zu füllen, die uns die Erde einst geschenkt hat. Nehmen. Festklammern. Erobern. Wir sehnen uns danach, dass andere uns vollständig aufnehmen, wie einst unsere Mutter Erde. Wir vergessen, dass sie immer noch da ist und darauf wartet, dass wir uns erinnern und jenen Teil von uns aktivieren, der sich danach sehnt, ihre Umarmung zu empfangen.

Wenn du dich bewusst mit der Erde verbindest, wird ein Schleier gelüftet. Sie wird sich dir öffnen und dich inniglich empfangen. Du darfst deinen Durst mit ihrem süßen Wasser stillen und kannst alles loslassen, was dir nicht mehr dient. Blockaden lösen sich auf, die Energie kann frei fließen und du verbindest dich mit allen Lebewesen auf dem Planeten.

STARSEED-AKTIVIERUNG

Lege die Karte auf das Portal deines Herzens und flüstere Folgendes:

*„Ich gebe mich dem Puls der Mutter hin.
Möge mein Herz im Einklang mit Ihr schlagen."*

DEN SCHLEIER LÜFTEN

Alles in Frage stellen.
Alles, was nicht mehr stimmig ist, muss weichen.

Die Dinge sind nicht immer so, wie sie scheinen. In dieser Ära geht es darum, Irrtümer aufzudecken, damit wir uns an alte Wahrheiten erinnern können. Alles ist in einem Zustand der Rückbesinnung und Neuausrichtung. Und alles, was nicht im Einklang mit dem Planeten ist, wird nicht überleben.

Das gilt sowohl für die Gesellschaft und die Welt im Allgemeinen als auch für unser eigenes Leben. Wenn du diese Karte ziehst, bist du aufgerufen, dein Leben nach Dingen zu durchforsten, die vielleicht nicht mehr schwingungsmäßig zu dem passen, was du bist oder wie du dich entwickelt hast. Jene Verhaltensmuster und Sichtweisen abzubauen, die dir und anderen nicht mehr länger dienlich sind.

Einige Starseeds sind hier, um den Schleier zwischen der sichtbaren und der unsichtbaren Welt zu lüften. Um ein Licht auf Dinge zu werfen, die nicht authentisch oder mit dem Überleben und Wohlergehen der Erde unvereinbar sind. Um für diejenigen, die keine Stimme haben, einzutreten und sie zu schützen. Um tiefer zu blicken und alles in Frage zu stellen, was frühere Generationen nicht getan haben. Einige Starseeds können Dinge nicht tolerieren, die nicht stimmig sind. Sie sind hier, um die Gesellschaft und die Menschheit wieder in Harmonie mit dem Planeten und dem Schöpfer zu bringen. Sie wollen Disbalancen ausgleichen. Wenn wir in unserem Leben Dinge tolerieren, die nicht mit unseren Überzeugungen übereinstimmen, tragen wir zur falschen Ausrichtung des Planeten bei.

Du wirst dazu aufgerufen, dir selbst zu vertrauen, authentisch zu sein und wahrzunehmen, was nicht in Balance ist, um dann die kleinen Schritte zu machen, die erforderlich sind, um alles wieder in Harmonie zu bringen. Das ist kein leichtes Unterfangen, aber es lohnt sich sehr. Sowohl für dich als auch für den Planeten.

STARSEED-SEELENFRAGE

Was ist in deinem Leben nicht stimmig?
Wo gibt es Disharmonien?
Wie kannst du alles wieder in Einklang bringen?

DIE SCHULE DER ERDE

Lebens-Lektionen. Seelenwachstum.
Studium. Geistiges Wachstum.

Der Planet Erde ist eine großartige Initiation für die Seele, und die Lebens-Lektionen sind der Lehrplan, für den wir uns einschreiben. Dies sind keine einmaligen Lektionen, sondern selbstgewählte Themen, um die wir ständig herumkreisen. Wir vertiefen unsere Erfahrung mit ihnen, während wir uns auf unserem Weg durch die Lebensspirale bewegen. In den Lebens-Lektionen geht es nicht darum, alles richtig zu machen, sondern auch darum, Fehler zu begehen. Die Erinnerung daran, dass die Erde ein Planet der Polarität ist, hilft dir dabei dies zu verstehen. Mit jedem Jahr intensiviert sich das Studium. Du gehst tiefer und tiefer.

Wenn du diese Karte ziehst, während du eine schwierige Zeit durchmachst, wirst du aufgefordert, dich daran zu erinnern, dass deine Seele auf die Erde kam, um zu wachsen und zu lernen. Versuche, schwierige Zeiten als Gelegenheit zur Weiterentwicklung anzunehmen. Hör auf dein Herz und egal, was geschieht, verschließe es nicht, sondern bleib in der Liebe. Indem du die Lektionen deines Lebens mit offenem Herzen annimmst, erfüllst du deine Seelenaufgabe.

Wenn du diese Karte ziehst, kann das auch bedeuten, dass du berufen bist, ein neues Studien- oder Wachstumsfeld zu betreten. Dies könnte durch strukturiertes Lernen geschehen, z. B. an der Universität, in der Schule oder in einem Seminar. Wenn du in einer Beziehung Schwierigkeiten hast, wirst du daran erinnert, dass dies Gelegenheiten für das Seelenwachstum sind – schließlich sind Beziehungen bekannt als der Weg zu deinem wahren Selbst, auf dem du voranschreitest, während du hier auf der Erde weilst.

STARSEED-SEELENFRAGE

Wie kannst du wachsen oder lernen?

SEI EINFACH DU SELBST

Mache dir deine Eigenarten zu eigen.
Wende dich deinem wahren Selbst zu.

Es gibt viele Menschen, die dich nicht mögen werden – egal was du tust. Aber auf dieser Welt sind auch eine Menge Menschen, die dich mögen oder sogar wahrhaftig lieben werden. Das sind deine Leute.

Du wirst nicht jedem gefallen – und das ist in Ordnung. Sprich mit den Menschen, die dir zuhören können.

Verschwende nicht deine kostbare Zeit und deine Talente damit, andere von deinem Wert überzeugen zu wollen – sie werden nie etwas mit dem anfangen können, was du verkörperst. Versuche nicht, sie davon zu überzeugen, sie auf deine Seite zu ziehen. Dadurch vergeudest du sowohl deine als auch ihre Zeit. Mehr noch: Du wirst dich wahrscheinlich unnötig verletzen und die Heilung deiner Wunden wird kostbare Lebenszeit in Anspruch nehmen. Du gehörst nicht zu diesen Menschen und sie nicht zu dir. Winke ihnen höflich zu – und gehe konsequent deinen Weg. Den Weg mit jemandem zu teilen, ist ein heiliges Geschenk. Entwerte es nicht, indem du anderen zuliebe eine die falsche Richtung einschlägst. Bleib dir selbst treu, hör auf dein Herz und folge deinem eigenen Leitstern.

Wenn du diese Karte ziehst, bedeutet das, dass du dazu aufgerufen bist, deine Einzigartigkeit zu umarmen, dich mit allen Ecken und Kanten anzunehmen. Damit die Welt erkennt, wer du wirklich bist. Zeige dich mit all deinen Facetten, enthülle dein mehrdimensionales Naturell. Erstrahle im vollen Licht – egal, wer in deiner Nähe ist. Akzeptiere dich kompromisslos, damit deine Herzensmenschen – diejenigen, die genauso ungewöhnlich und einzigartig sind wie du – dich erkennen können, wenn sich eure Wege kreuzen.

STARSEED-SEELENFRAGE

Wie kannst du deine Einzigartigkeit leben und
damit aufhören, dich darum zu kümmern,
was andere Menschen denken?

DIE SIEBEN STERNENSCHWESTERN

Schöpfungen gebären. Gewebe des Lebens. Ausdruck.

Es gibt neue Schöpfungen, die darauf warten, geboren zu werden. Schönes, das sich danach sehnt, in das Gewebe des Lebens einzufließen. Innovatives Bewusstsein, das bereitsteht, um dem Leben eingehaucht zu werden. Wenn du diese Karte ziehst, bist du aufgefordert, dich diesen Schöpfungen hinzugeben – eine neue Ära des Bewusstseins einzuleiten und deinen Teil dazu beizutragen, das Netz des Lebens zu weben.

Dies ist die Karte des Künstlers und der Hebamme. Du bist aufgerufen, über folgende Fragen nachzudenken: Was will durch dich geboren werden? Welche neuen

Schöpfungen wollen von dir erhört werden? Welche Schönheit soll durch dich in die Welt gebracht zu werden?

Kreativität und Intuition kommen vom selben heiligen Ort. Sie entstehen, wenn wir mit dem Rest des Lebens im Einklang sind. Die Erde ist bekannt als ein Planet der Manifestation und Kreativität, und doch haben so viele von uns vergessen, dass auch wir Schöpfer sind. Irgendwann haben wir aufgehört, uns als Künstler, als Kreative, als Dichter zu sehen. Mensch zu sein bedeutet jedoch, kreativ zu sein. Kreativität ist Teil deiner wahren Natur.

Vielleicht bist du aufgerufen, dich einem kreativen Projekt hinzugeben, zum Beispiel ein innovatives Unternehmen aufzubauen oder ein Buch zu schreiben. Oder vielleicht wirst du durch diese Karte dazu aufgefordert, dein Zuhause kreativ zu verschönern oder deine Talente in der Kochkunst auszuprobieren. Ungeachtet des Endergebnisses bist du aufgerufen, dich durch deine Kreativität auszudrücken. Du solltest dich den kreativen Projekten hingeben, die dir Angst machen und dich gleichzeitig begeistern. Versuch, einen Weg zu finden, Schönheit wieder in deinen Alltag zu integrieren. Denn wo Kreativität vorhanden ist, sind Geist und Seele präsent. Und die Welt braucht diese Qualitäten heute mehr denn je.

STARSEED-SEELENFRAGE

Welche neuen Schöpfungen wollen durch dich das Licht der Welt erblicken?

SPRINGE

Andromedanische Energie. Abenteuer.
Ja sagen zur Veränderung.

Andromeda ist eine Spiralgalaxie – jene Galaxie, die der Milchstraße am nächsten liegt. Es heißt, dass die andromedanischen Starseeds eine Gruppe von Wesen sind, die ihre Freiheit lieben. Sie sind sehr anpassungsfähig, haben eine große Bereitschaft und Fähigkeit, sich zu verändern. Um Ruhe im Chaos zu finden, schwimmen sie mit dem Strom. Diese Karte ist hier, um dich zu ermutigen, dasselbe zu tun.

Vielleicht hast du ein bedeutendes Ziel oder es ergibt sich eine vielversprechende Gelegenheit? Falls ja, wirst du angeregt, dein Ziel direkt anzusteuern. Nutze deine Chancen und Möglichkeiten. Warte nicht auf die Erlaubnis von anderen. Warte auch nicht, bis du dich selbst bereit fühlst. Atme tief durch und springe direkt hinein ins Leben.

Das Leben unterstützt die Mutigen, und du bist dazu aufgerufen, couragiert zu handeln. Du schaust bereits in die richtige Richtung – das Einzige, was dir noch bleibt, ist zu springen. Im Laufe der Zeit wirst du alle Details erfahren. Die Dinge mögen nicht immer glatt laufen – das Leben auf der Erde bringt das mit sich. Es sind jedoch die raueren Meere, die uns lehren, wie man ruhmvoll segelt. Wenn du das erst einmal verstanden hast, kannst du jeden Ozean auch im Sturm überqueren.

Die Andromedaner wünschen sich, dass du beginnst, das Surfen auf den Wellen des Lebens zu lieben. Dass du selbst mehr Abenteuer suchst. Deine eigene Anpassungsfähigkeit nutzt und lernst, die Ruhe im Chaos zu finden. Du bist nicht auf die Erde gekommen, um passiv zu sein. Du bist hier, um bewusst zu leben. Und jetzt lauf und springe.

STARSEED-SEELENFRAGE

Könntest du abenteuerlustiger sein?
Wirst du dazu aufgerufen,
jetzt den Sprung ins Leben zu machen?

STERNENAHNEN

Verborgene Geheimnisse.
Verlorene Weisheit. Blick etwas tiefer.

Die Alten wussten viel mehr als wir über unsere Verbindung zu den Sternen. Ihre Pyramiden, Tempel und andere Kultstätten, die in präziser Ausrichtung auf die Sterne geschaffen wurden, finden sich überall auf der Welt.

Was wäre, wenn diese alte Weisheit jetzt für dich verfügbar ist, um sie aufzudecken? Du bist aufgerufen, mit deinem alten Herzen, deiner alten Seele zu denken und wahrzunehmen. Um den Teil von dir zu aktivieren, der sich erinnert und über tiefes Wissen verfügt. Alle alten Geheimnisse werden dir ins Ohr geflüstert. Alles mystische

Wissen erblüht in deinem Herzen. Eine mächtige Kraft strömt durch deine Adern.

Du bist eingeladen, in dein uraltes Wissen einzutreten. Um von den Erinnerungen der Sternenvorfahren gehalten zu werden. Um ein wenig tiefer zu blicken. Wenn du dich festgefahren fühlst, wirst du aufgefordert, etwas anderes zu tun – deinen Standpunkt zu ändern. Kreativität entsteht, wenn wir zwei Dinge zusammenfügen, die eigentlich nicht zusammengehören. Wenn wir das Unerwartete wagen. So oft liegt eine kreative Lösung direkt vor uns, aber weil wir immer wieder die gleichen Gedanken denken und auf die gleiche Art und Weise handeln, übersehen wir, was ganz offen vor uns liegt.

Du bist hier, um dich an alte Geheimnisse und Übertragungen zu erinnern und diese aufzudecken. Technologie und Weisheit, die auf dem Planeten gerade jetzt so sehr gebraucht werden. Du bist hier, um die Erinnerungen deiner Seele an eine Zeit freizulegen, in der wir auf der Erde in Harmonie lebten – so, wie es eines Tages wieder sein wird.

STARSEED-AKTIVIERUNG

Lege die Karte auf das Portal deines Herzens und flüstere Folgendes:

„Ich bin bereit, mich an alte Mysterien und Geheimnisse aus den Tiefen meiner Seele zu erinnern."

STERNENBADEN

Leichter Körper. Kristallgitter. Übertragung. Aktivierung.

Die Sterne schleudern ständig Emanationen auf das Kristallgitter der Erde. Wenn die Dinge im Gleichgewicht sind, sendet der Planet Informationen zurück zu den Sternen. Viele Starseeds sind zu dieser Zeit auf die Erde gekommen, um bei der Schwingungsverschiebung des Planeten zu helfen. Um die alten Codes der Weisheit zu aktivieren, die die Menschheit vergessen hat. Und all diese Informationen werden im kristallinen Gitter gespeichert.

Wenn du diese Karte ziehst, bist du vielleicht dazu aufgerufen, mit den Sternen und dem kristallinen Gitter der Erde zu arbeiten. Einige Menschen glauben, dass das kristalline Gitter der Erde göttliche kosmische Frequenzen auf dem Planeten verankert. Vielleicht wirst du zu Reisen an bestimmte Orte auf der Erde geführt, um diese kosmischen Codes durch deine Anwesenheit zu entschlüsseln. Vielleicht bist du auch an einer Praxis interessiert, die Sternenbaden genannt wird. Hier kannst du dazu eine spezielle Meditation herunterladen: www.StarseedOracle.me.

Diese Karte taucht häufig auf, weil du hier bist, um dich mit dem kristallinen Gitter der Erde zu verbinden – entweder in deiner Heimatstadt oder durch Reisen zu anderen Orten, ohne das du genau weißt, warum es dich dorthin zieht. Sie kann aber auch bedeuten, dass dein Lichtkörper aktiviert wird – dabei handelt es sich um den Energiekörper in seiner höchsten Form. Sollte dies mitschwingen, geh die Dinge bewusst langsam an, um die Schwingungsänderung zu integrieren.

STARSEED-AKTIVIERUNG

Lege die Karte auf das Portal deines
Herzens und flüstere Folgendes:

„Ich öffne mich, um die Weisheit
des kristallinen Gitters unter mir zu empfangen.
Mögen mich die Sterne und die Erde informieren und heilen.
Und während sie dies tun, mögen sie auch die Erde heilen."

STERNENBRÜDER

Horus Energie. Schutz. Treue. Sicherheit. Vertrauen.

Du bist beschützter, als du es dir vorstellen kannst. So sicher, dass du es getrost wagen kannst, auch die Rückseite deines Herzens zu öffnen. Und du bist aufgerufen, dich genau jetzt auf eine neue Ebene der Unterstützung einzulassen – von den Menschen in deinem Leben und von jenen wohlwollenden Wesen, mit denen du verbunden bist.

Durch die Muster der Vorfahren, aktuelle Lebenstraumata und karmische Eindrücke aus vergangenen Leben sind viele Menschen misstrauisch geworden. Sie glauben nicht mehr an die Loyalität anderer und sind blockiert, wenn es darum geht, um Unterstützung zu bitten. Die meisten von uns haben gelernt, dass wir das Leben allein meistern müssen. Dass es nicht sicher ist, in unserer Wachsamkeit nachzulassen und unser Herz zu öffnen. Und dass die Welt kein freundlicher Ort ist.

Die Sternenbrüder möchten, dass du eine neue Lebenserfahrung auf der Erde machst. Sie wünschen sich, dass du dich zutiefst sicher und geborgen fühlst, auch wenn du dich in einer schwierigen Phase befindest. Sie wollen, dass du ihnen deine Ängste übergibst – sieh es als eine Chance, mehr Liebe zuzulassen.

Die Sternenbrüder leiten dich dazu an, offen zu bleiben, damit du in den Genuss einer so umfassenden Unterstützung kommst, wie du sie dir kaum jemals erträumen könntest – und das sowohl in dieser Welt als auch darüber hinaus. Denn dir steht ein Team loyaler Beschützer und Helfer sowohl in physischer als auch in energetischer Form zur Seite. Sie alle möchten, dass du trotz aller Höhen und Tiefen in deinem Leben lernst, Vertrauen zu haben, weich zu bleiben und dein Herz zu öffnen. Und das vor allem dann, wenn es sich verschließen will.

STARSEED-SEELENFRAGE

Wie kannst du dich dafür öffnen,
um mehr Unterstützung zu erhalten?

STERNENFAMILIE

Du gehörst zu einem Verbund von Seelen.
Rufe Unterstützung herbei.

Irgendwann war jeder von uns Teil eines Seelenclusters – einer Ansammlung von Seelen, die sich voneinander gelöst haben, um sich selbst individuell zu erfahren. Diejenigen, die zu deinem Seelencluster gehören, sind Teil deiner Sternenfamilie.

Zu deiner Sternenfamilie gehören jene Seelen, die aus einem ähnlichen kosmischen Stoff geschnitten sind. Sie haben nicht nur gemeinsame Lebenszeiten erlebt – eure Seelen waren einst tatsächlich eins. Es kommt sehr häufig vor, dass Mitglieder der Sternenfamilie zu gleichen Zeiten inkarnieren und mit der Verankerung einer ähnlichen Lichtfrequenz arbeiten. Häufig kreuzen sich ihre Wege.

Du weißt, dass jemand zu deiner Sternenfamilie gehört, wenn du schon bei einer Begegnung vom ersten Moment an das Gefühl hast, den anderen zu kennen, mehr noch: Du erinnerst dich daran, ihm irgendwann schon einmal begegnet zu sein. Ihr seid euch sofort vertraut und fühlt euch miteinander wohl. Die Zeit scheint wie im Flug zu vergehen, wenn du sie mit Mitgliedern deiner Sternenfamilie verbringst. Du fühlst dich in ihrer Gegenwart authentisch und mehr wie du selbst als mit irgendjemand anderem. Mitunter ist es so, als ob du in den Spiegel schaust, weil der andere dir so ähnlich und vertraut ist. Und in gewisser Weise stimmt das ja auch. Oft wirst du dich bemühen, den Menschen in deiner Sternenfamilie zu helfen, weil du instinktiv spürst, dass dies Teil deines Weges ist. Wenn ein Mitglied der Sternenfamilie stirbt, spürt man das sehr tief, unabhängig davon, wie lange man es kannte. Dies ist eine Form von Seelentrauer, manchmal fühlt es sich sogar an wie ein Seelenbruch.

Denk an die Menschen in deinem Leben – wer gehört deiner Meinung nach zu deiner Sternenfamilie? Wenn diese Karte im Legesystem auftaucht, ist es wahrscheinlich, dass du ein Mitglied deiner Sternenfamilie getroffen hast oder du stehst kurz vor einer solchen Begegnung.

STARSEED-SEELENFRAGE

Wer stammt deiner Meinung nach aus der gleichen Sternenfamilie wie du? Wie kannst du diese Menschen um Unterstützung bitten?

STERNENWÄCHTER

Kosmischer Vorfahre. Säe das Licht,
indem du am Boden bleibst.

Du bist ein alter Hüter der Sterne. Hier, um dein Licht auf deine einzigartige Weise zu verankern und zu säen. Wahrscheinlich bist du schon seit einiger Zeit auf der Erde inkarniert und hast dich einer Ära des Erwachens verschrieben, die eine lang erwartete Verschiebung in der Evolution des Planeten herbeiführen wird. Wir sind jetzt an einem Wendepunkt angelangt. Es geht um das Überleben der Erde und all ihrer Spezies. Es geht um unser Erwachen.

Je bodenständiger du während dieser Übergangsphase bleibst, desto hilfreicher wirst du sein. Je mehr du dich den Flammen deines eigenen Herzens zuwendest, desto mehr Liebe wirst du auf diesem Planeten verankern. Die Weisheit der Sterne hat sich in deine Seele eingeprägt. Je mehr Seelenfragmente du in dir vereinst, desto mehr wird diese Weisheit hier gesät.

Es könnte sein, dass du berufen bist, an verschiedenen Orten der Welt zu sein, um dieses Licht zu verankern. Vielleicht indem du eine Reise machst oder an einem bestimmten Ort lebst. Oder aber du spürst die Symptome des Erwachens. Je bewusster und achtsamer du bleibst, desto stabiler wird die Energie der Erde und desto weniger reaktiv wird die Menschheit sein.

Du bist in einer zweifachen Mission hier: Deine Aufgabe ist es, als Individuum und als Teil eines größeren Kollektivs zu wachsen, das eine Verschiebung der Frequenz bewirkt. Vertraue darauf, dass du in der Welt sein kannst, aber nicht von ihr, und führe ein wahrhaft lichtvolles Leben.

STARSEED-AKTIVIERUNG

Lege die Karte auf das Portal deines
Herzens und flüstere Folgendes:

*„Ich erkenne an, dass ich ein Sternenwächter bin.
Ich ziehe es vor, mein Licht zu verankern
und so geerdet wie möglich zu bleiben."*

△

DIE TIEFE TRENNUNG

Marsenergie. Zorn. Konflikt. Zurückfinden zur Liebe.

Dies ist eine Karte, die dich mit deinen Schatten konfrontiert. Hab keine Angst – du bist hier, um all das an die Oberfläche zu bringen, was der Liebe im Wege steht. Der Kriegs-Planet Mars ist unsere ständige Erinnerung daran, dass es wichtig ist, sanft zu werden, zu vergeben und zur Liebe zurückzufinden. Wir alle machen schlimme Erfahrungen, die es unserem Herzen und unserer Seele erschweren, für die nie versiegende Quelle der Liebe offen zu bleiben. Wir sind alle verwundet und fügen aufgrund unserer eigenen Verletzungen unbewusst auch anderen Wunden zu. Es kann sich wie ein nie endender Kreislauf anfühlen, dem wir nicht entkommen können. Wenn wir nicht achtsam und bewusst sind, werden wir die Welt bald als einen beängstigenden, gefährlichen Ort sehen, an dem die Furcht die Oberhand hat.

Falls diese Karte auftaucht, könnte das zwei Gründe haben. Erstens, damit du die schwierigen Emotionen, Situationen, Konflikte und Wunden, die dir Schmerz und Angst bereiten, anerkennst. Und zweitens, damit du den Weg zurück zur Liebe findest.

Wenn wir tief verletzt sind, ist es normal, dass wir unser Herz vor der Welt verschließen. Die schmerzhafte Erfahrung, die wir ohnehin durch die Qual der Trennung von unseren himmlischen Wurzeln erlitten haben, wird im irdischen Leben bestätigt durch all das Leid, mit dem wir auf Erden konfrontiert werden. Du bist aufgefordert, trotzdem weich zu werden und den Weg zurück zur Liebe zu finden. Wenn Furcht, Beklemmung und Paranoia uns zu lähmen drohen, ist es normal, sich vor anderen und der Welt verstecken zu wollen. Komm aus deiner Höhle heraus und lasse die Liebe dein Herz erfüllen. Wir alle sind unschuldige Kinder, die durch die Welt wirbeln. Finde einen Weg, die Unschuld in allen Menschen zu erkennen. Vor allem deine eigene.

STARSEED-SEELENFRAGE

Wie schneidest du dich von der Liebe ab?
Wie kannst du gegenüber denen, die dich
verletzt haben, weicher werden?

TIEFE ZELLHEILUNG

Arkturus-Energie. Körperliche und emotionale Heilung.

Dein Körper weiß, wie er heilen kann. Heilung ist eine dir von der Natur verliehene Gabe. Körperliche und emotionale Disharmonie kann ein Spiegelbild dessen sein, wie deine Welt (innen und außen) aus der Balance geraten ist. Wenn du an etwas Unbekanntem oder einer chronischen Krankheit leidest, erlaube dir nicht, zu glauben, du hättest etwas falsch gemacht.

Heute ist es für uns nicht einfach, uns in Gesundheitsfragen zurechtzufinden. Wenn diese Karte den Weg zu dir gefunden hat, bist du aufgerufen, dich auf deine Heilung zu konzentrieren. Deine Gesundheit hat oberste Priorität.

Sei freundlich und zärtlich zu deinem wunderbaren Körper. Gib dir selbst die Erdung, Zuwendung und Pflege, die du brauchst. Setz dein körperliches Wohl an erste Stelle. Ernähre dich wie ein Neugeborenes. Behandele dich selbst mit liebevoller Fürsorge.

Es kann sein, dass du aufgerufen bist, konkret etwas für deinen Körper oder dein emotionales Wohlbefinden zu tun. Ein Team von Helfern herbeizurufen, die dich bei der Bewältigung von Herausforderungen unterstützen, die du vielleicht emotional erlebst.

Die Arkturier sind eine galaktische Gruppe von Wesen, die tiefe zelluläre und emotionale Heilung gemeistert haben. Sie möchten, dass du weißt, dass es möglich ist, dich in deinem Körper lebendig und in deiner Haut wohl zu fühlen. Dass deine Zellen wieder frisch und vital werden können. Finde zurück in deine innere Gelassenheit und gönn deinem Herz die Ruhe, die es zur Genesung braucht.

STARSEED-AKTIVIERUNG

Lege die Karte auf das Portal deines Herzens und flüstere Folgendes:

„Ich leite meine Vitalität und Energie an mich zurück und fühle mich von Tag zu Tag gesünder.
Mein Körper weiß, wie er heilen kann.
Mein Körper weiß, wie er heilen kann."

DEM TIMING VERTRAUEN

Vertraue der Welle, auf der du hergekommen bist.
Die Zeit ist nicht knapp.

Oft glauben diejenigen, die das Gefühl haben, aus einem bestimmten Grund hier zu sein, dass die Zeit knapp wird. Sie verbringen ihr Leben damit, sich Sorgen zu machen, dass sie den für sie entscheidenden Moment verpassen könnten. Aber die einzige Möglichkeit, sein Leben oder diesen Moment zu verpassen, besteht darin, das Leben damit zu verbringen, sich Sorgen darüber zu machen. Es ist nie zu spät, deinem Ruf zu folgen – und du bist auch ist nie zu alt dafür.

Die Gezeiten deines Lebens sind wunderbar inszeniert. Komponiert, um in perfektem Einklang aufeinander zu folgen. Eile nicht voraus oder reite auf einer Welle, die nie für dich bestimmt war. Du wirst deine kostbare Zeit und Energie verschwenden, denn du könntest stattdessen dein Leben genießen. Alles hat seine Zeit, und du bist aufgerufen, dem Timing zu vertrauen. Lass es nicht zu, dass Ungeduld, Vergleiche, Wettbewerb oder Paranoia den Samen stören.

Es scheint, dass heutzutage jeder Angst hat und ständig nach etwas sucht, das er vielleicht übersehen oder verpasst hat. Oder nach einer möglichen Bedrohung Ausschau hält. Körper und Geist in Einklang mit unserer Seele im Strom des Lebens in die gleiche Richtung zu lenken, ist bei solchen Reaktions-geschwindigkeiten nahezu unmöglich. Du wirst jetzt daran erinnert, dass du tief durchatmen und der Welle vertrauen musst, auf der du gekommen bist. Der Jahreszeit zu vertrauen, in der du dich befindest. Deine Zeit läuft nicht ab. Es ist noch viel Zeit. Es gibt keinen Grund zur Eile – und es ist nie zu spät.

STARSEED-SEELENFRAGE

Wie kannst du mehr Vertrauen
in die Zeit deines Lebens aufbauen?

VERLORENE LÄNDER

Seelen-Erinnerungen und Seelen-Geschenke.
Du hast das schon einmal getan.

Die Welt ist viel älter, als unsere dokumentierte Geschichte vermuten lässt. Als Seelen haben viele von uns Epochen auf diesem Planeten erlebt, die viel weiterentwickelt waren als unsere heutige Ära. Wenn wir damit beginnen, uns an diese Zeiten zu erinnern, können wir die alten Weisheiten und Fähigkeiten wieder aktivieren

In diesem Stadium der Zeitlinie der Erde brauchen wir die Weisheit der Alten, um als Spezies überleben zu können. Du bist aufgerufen, dich mit dem verlorenen Wissen deiner Seele zu verbinden. Wenn du dich angeleitet fühlst, eine Veränderung in deinem Leben vorzunehmen – einen neuen Karriereweg einzuschlagen, eine kreative Schöpfung in die Welt zu bringen oder eine innovative Idee zum Leben zu erwecken –, dich aber unvorbereitet fühlst, dann ruft dich diese Karte dazu auf, zu bedenken, dass du dies schon einmal getan hast. Vielleicht besitzt deine Seele eine Weisheit, die über das hinausgeht, was du dir in dieser Lebensspanne vorstellen kannst. Vielleicht sind die intuitiven Eingebungen, Ideen und Visionen, die du erhältst, göttlich geleitet. Und vielleicht hast du dich schon lange auf diese Zeit vorbereitet.

Einige glauben, dass verlorenes Land in der Vergangenheit existiert; andere sind überzeugt, dass es jetzt in einer anderen Dimension existiert. Ich glaube, dass diese alten Länder auch in den Seelen derer existieren, die sie erlebt haben. Wenn diese Karte zu dir kommt, existiert vielleicht die Weisheit der verlorenen Länder wie Lemuria, Atlantis und Avalon in dir. Und indem du dich der Intelligenz deiner Seele hingibst, kannst du die Samen dieser alten Länder für alle nutzbar machen, damit wir gemeinsam aus unseren Fehlern lernen und ein neues Zeitalter einleiten können.

STARSEED-AKTIVIERUNG

Lege die Karte auf das Portal
deines Herzens und flüstere Folgendes

*„Ich öffne alle vergessenen Weisheits- und
Seelengeschenke aus vergangenen Leben."*

WAL- UND ORCA-ÄLTERE

Teile dein Lied. Die Frequenz des Tons. Tief eintauchen.

Die Wal- und Orca-Älteren sind uns wohlgesonnene kosmische Wesen, die hier auf dem Planeten eine Frequenz der Liebe verankern und ihn mit ihrem Gesang zurück in die Harmonie führen wollen. Während sie die Ozeane durchqueren, tun sie so viel mehr, als wir nur ahnen können. Allein durch ihre physische Präsenz beeinflussen diese Lebewesen das Magnetfeld der Erde. Ihre wunderbaren Gesänge sind ein Weckruf, der uns an den Gesang unserer eigenen Seele erinnern will. In das Auge eines Wals zu blicken, ist etwas, das wir nie vergessen werden. Wale sehen tief in unser Innerstes – und so ein

Augenblick verändert uns für immer. Wale schauen direkt in unsere Seele.

Wenn du diese Karte ziehst, bist du aufgerufen, dich deiner tiefsten Wahrheit hinzugeben und sie mit der Welt zu teilen. Dich dem hinzugeben, was du wirklich bist. Aufgerufen, dein Herz weit genug zu öffnen, deine Ängste, Zweifel und all deinen seelischen Ballast loszulassen. Sei aufmerksam und stelle jeden Teil von dir in Frage, der sich nicht gut genug anfühlt.

Die Wal- und Orca-Älteren wünschen, dass du anderen das Privileg einräumst, zu sehen, wer du wirklich bist – und dass du dasselbe in anderen Wesen erkennst. Verabschiede dich von deinen Problemen und vermeintlichen Makeln – konzentriere dich stattdessen darauf, jene einzigartige Melodie ertönen zu lassen, für die deine Seele auf Erden weilt. Und singe.

Erlaube dem Lied, das in den vier Kammern deines Herzens widerhallt, in alle vier Richtungen auszustrahlen. Entferne all die Schichten des Leidens und des Schmerzes. Enthülle den anderen das wahre Lied deiner Seele. Und bemühe dich, die Seele all derer zu erkennen, denen du begegnest.

STARSEED-SEELENFRAGE

Du bist aufgerufen das einzigartige Lied deiner Seele zu teilen. Wie könntest du das tun?

△

WARTE

Es ist noch nicht so weit. Die Dinge
sind dabei sich zu entwickeln.

In unserer schnellen, lauten, reaktiven, vergleichenden Welt, in der so oft eine sofortige Reaktion erwartet wird, kann es sich fast unmöglich anfühlen, Luft zu holen, geschweige denn, uns den Raum zum Ausruhen, Warten und Rückzug zu nehmen. Wir sind häufig im Eiltempo unterwegs und erwarten stets sofortige Ergebnisse oder Reaktionen. Und wenn uns bei diesen extremen Geschwindigkeiten die Führung fehlt, kann es sich anfühlen, als ob etwas schiefgelaufen wäre.

Aber oft ist das Fehlen von Führung an sich schon Führung. Wenn du um Führung bittest und sie nicht erhältst, kann das oft Warten bedeuten. Es ist noch nicht an der Zeit.

Die   Dinge   sind   dabei   sich   zu   entwickeln.

Unsere Herausforderung besteht darin, weiterhin Vertrauen zu haben, auch wenn es oberflächlich betrachtet den Anschein hat, dass nichts passiert. Uns daran zu erinnern, dass, egal wie lang oder hart der Winter ist, der Frühling immer kommt. Uns daran zu erinnern, dass wir nicht alle Probleme der Welt an einem einzigen Tag lösen müssen – und dass sie vielleicht mit einem anderen Blickwinkel und gutem Schlaf besser gelöst werden können.

Diese Karte ist deine Erlaubnis, innere Einkehr zu halten, dein Tempo runterzufahren, abzuschalten und dich auszuruhen. Du wirst daran erinnert, Geduld zu haben und dich dem geheimnisvollen Fluss des Lebens anzuvertrauen. Du solltest darauf vertrauen, dass sich die Dinge in deinem Namen entwickeln. Vielleicht geschieht es nicht in der von dir gewünschten Zeitspanne, aber wenn du die Geduld aufbringst, wird das Ergebnis besser ausfallen, als du dir jemals es hättest vorstellen können.

STARSEED-SEELENFRAGE

Wie kannst du langsamer werden,
geduldiger sein und einfach warten?

△

WIR, DIE HATHOREN

Tiefe Liebe. Muttermilch. Die Geburt als Portal.

Die Geburt ist ein Portal, das neues Leben einleitet. Die Hathoren sind hier, um dich daran zu erinnern, dass du als ein Kind der Kosmischen Mutter aufgerufen bist, von ihrer tiefen, nie endenden Liebe und Umarmung gehalten zu werden.

Dies ist eine sensitive, eine nährende Karte, die dich daran erinnert, die tiefe, tiefe Liebe der Umarmung der Mutter zu empfangen. Die Hathoren wissen, dass die Reise auf der Erde manchmal mühsam und einsam sein kann, daher wirst du daran erinnert, tiefer in den Armen der Mutter zu ruhen.

Dies ist eine Karte von extremer Potenz. Von Weiblichkeit. Von der Schöpfung. Und der Geburt. Du wirst dazu aufgerufen, dich selbst und auch andere zu bemuttern. Dich deiner heiligen Weiblichkeit zu erfreuen. Zu erschaffen und dich deinen eigenen Schöpfungen hinzugeben. Zu halten und gehalten zu werden.

Du bist dazu aufgerufen, dich an deinen Platz im Netz des Lebens zu erinnern und zu erkennen, dass dich die Kosmische Mutter auf jedem Schritt des Weges beobachtet. Vielleicht machst du gerade jetzt einen Übergang durch – du bewegst dich von einer Seinsweise zu einer anderen. Wenn dem so ist, wirst du daran erinnert, dass du in einem heiligen Gefäß gewiegt wirst. Erinnere, dass du mehr festgehalten wirst, als du dir vorstellen kannst. Und dass du Zugang zu mehr Liebe hast, als dein Herz ertragen kann.

Wenn du dich mit irgendeinem Problem oder einer Sache abmühst, wird dir versichert, dass alles gut werden wird. Öffne dich dafür, die überfließende Liebe der Kosmischen Mutter zu empfangen, die aus allen Richtungen zu dir strömt. Lass diese Liebe dein Herz erfüllen und ausdehnen.

STARSEED-AKTIVIERUNG

Lege die Karte auf das Portal deines
Herzens und flüstere Folgendes:

*„Ich erlaube der tiefen Liebe der Kosmischen
Mutter, mich zu durchfluten.
Ich werde geliebt. Ich werde gehalten."*

ÜBER DIE KÜNSTLERIN

Danielle Noel ist eine multidisziplinäre Künstlerin, die intuitive Wellness-Tools für spirituelle Praktizierende und Suchende schafft. Sie ist die Schöpferin des international renommierten *Starchild-Tarot* und *Moonchild-Tarot* sowie Illustratorin der Orakelkarten *Work Your Light*. Danielle engagiert sich durch die von ihr gestalteten Werke dafür, anderen dabei zu helfen, ihre Erleuchtung zu erlangen.

Ihre einzigartigen Bilder verbinden alte Überlieferungen, eine reiche Symbolik und heilige Weisheit. Sie lebt mit ihrem Partner, zwei Hunden und einer Katze auf Gabriola Island, British Columbia, Kanada.

 starchildtarot

 @starchildtarot

 daniellenoel.art

ÜBER DIE AUTORIN

Rebecca Campbell ist eine renommierte Autorin und hingebungsvolle Künstlerin. Sie leitet weltweit Workshops, in denen sie Teilnehmern dabei hilft, in einen tiefen Kontakt mit ihrer Seele zu treten, und ihnen wichtige Botschaften aus dem Universum vermittelt.

Sie ist Autorin der Bestseller *Light Is the New Black*, *Rise Sister Rise* und den *Work Your Light Orakelkarten* sowie die Schöpferin der *Rise Sister Rise Membership*. Mit ihren Werken ermutigt Rebecca Menschen auf der ganzen Welt, mehr Zeit mit ihrer Seele zu verbringen.

Sie erlebte ihr erstes Erwachen als Teenager und studiert seither die intuitiven mystischen Künste. Mit ihren Werken hilft sie uns dabei, uns mit unserem inneren Tempel zu verbinden und die Einflüsterungen unserer Seele in gezieltes Handeln umzusetzen.

Rebecca wurde in Australien geboren und lebt derzeit in Glastonbury, Großbritannien.

 rebeccathoughts   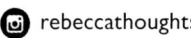 rebeccathoughts

 rebeccacampbell.me

Außerdem bei Königsfurt-Urania erschienen

ANCIENT STONES
ORAKEL

Das Portal zu unseren Ahnen

Dieses Orakeldeck der Bestseller-Autorin Rebecca Campbell lädt dich ein, dich bewusst mit Steinen als Hütern der Weisheit zu verbinden, ihre unglaubliche Kraft und mystische Verbindung zu spüren.

Lerne, deiner heiligen Intelligenz zu vertrauen, dein inneres Licht zu erschließen und den Segen in dein Leben einzuladen.

Rebecca Campbell & Katie-Louise
ANCIENT STONES ORAKEL
44 Orakel-Karten mit Botschaften
und 176-seitiges Booklet
ISBN 978-3-86826-817-1

www.koenigsfurt-urania.com